Mein Tagore

Alokeranjan Dasgupta

Mein Tagore

Eine Annäherung an den indischen Dichter Rabindranath Tagore

Draupadi Verlag

Alokeranjan Dasgupta:
Mein Tagore. Eine Annäherung an den indischen Dichter
Rabindranath Tagore

Heidelberg: Draupadi Verlag, 2011

ISBN 978-3-937603-48-3

Draupadi Verlag
Dossenheimer Landstr. 103
69121 Heidelberg

info@draupadi-verlag.de
www.draupadi-verlag.de

Grafische Gesamtgestaltung: Reinhard Sick, Heidelberg

Inhalt

Rabindranath Tagore

Ein Wort zum Anfang

Anderswo feiert man in einem Jubeljahr den Jubilar. Im deutschen Sprachraum dagegen feiert der zu Ehrende selbst seinen Geburtstag. Ein kleiner Unterschied, scheint es, und doch ein wesentlicher. Und fast sieht es so aus, als müsste Rabindranath Tagore anlässlich seines 150. Geburtstages sich selbst – wenigstens im deutschen Sprachraum – posthum darum bemühen, nicht noch weiter in Vergessenheit zu geraten.

Lebte Tagore heute noch, müsste er sich wohl verkannt fühlen. Ist er doch heute hierzulande als Lyriker nahezu unbekannt, abgestempelt höchstens zum Propheten im fernen Lande, auf dessen Aphorismen man zufällig noch in Abreißkalendern stößt. Schuld daran trägt er allerdings zum Teil selbst. Denn lange glaubte er, zu den vordringlichen Aufgaben eines Weltdichters, zu dem ihn schon seine Zeitgenossen erkoren, gehöre es, die Menschheit auf eine hoffnungsvolle Zukunft zu orientieren.

In der letzten Phase seines literarischen Schaffens aber sah er sich schlicht als Dichter. Daneben liebte es Rabindranath in dieser Zeit, sich selbst auch ganz anders zu nennen: *Maler*. Mehr als zweitausend Bilder malte er zwischen 1928 und 1940. Dieses bildnerische Werk konkurriert mit den mindestens zweitausend Liedern, die er in seiner Schaffenszeit textete und vertonte. Für seine Malerei benutzte er anfangs nur Feder und schwarze Tinte. Dabei entstanden phantasievolle Kaligraphien und Kritzeleien. Später arbeitete er auch mit allen möglichen kräftigen Farben. Die Welt, die er in seiner Kunst sichtbar machte, war zum Bersten voll von urzeitlichen und ungeheuerlichen Mischwesen: eine Sphäre absolut verwirrender Dunkelheit und verzweifelter Fragen. Eben diese Welt versuchte Rabindranath auch in seinen Versen aufleben zu lassen. Er entfernte sich bewusst von den Prinzipien der Harmonie und Totalität, welche er zuvor in seiner mit dem Nobelpreis ausgezeichneten *Gitanjali*-Phase dargestellt hatte. Jetzt nahmen den Dichter-Maler-Komponisten neue Grundsätze der Asymmetrie gefangen.

Einige seiner Kritzeleien, die den Betrachter wohl unmittelbar an Kubin und Picasso oder auch an Rédon erinnern, sind in diesem Buch enthalten. Sein Herausgeber wagt es, auf den Albumpoeten, zu dem Tagore im literarischen Prokrustesbett des Zeitgeschmacks verkürzt wurde, zu verzichten. War etwa jenes Idol im Deutschland der dreißiger Jahre – wenn zweifellos auch Wegweiser – gar nicht Rabindranath selbst, sondern nur ein aus seiner eigentlichen Person herausgetrennter, zurechtgestutzter und zum Sprüche-Erfinder hochgejubelter *Tagore*? Als vorläufige Antwort drängt sich die Vermutung auf, dass wir unterscheiden müssen zwischen dem ursprünglichen Dichter und seinem allegorischen Überbau, den man hier landläufig für den eigentlichen Tagore gehalten hat.

Wir haben es uns nicht zum Ziel gesetzt, diese Frage umfassend zu beantworten. Wohl aber wünschen wir uns, beim Leser und künftigen Übersetzer ein wenig Neugierde auf das Schaffen Rabindranath Tagores zu wecken.

Der Herausgeber möchte sich besonders bei Lothar Lutze bedanken, der zusammen mit ihm Tagores *Prosaskizzen* aus dem Bengali übertrug. Die Auszugskollagen *Erinnerungsblitze* und *Momentaufnahmen* hat der Herausgeber zusammen mit Trudberta Dasgupta aus dem Bengali übersetzt. Diese Teile des Buches sind schon 1987 in dem Band „Der andere Tagore. Eine Werkauswahl" erschienen. Die Gedichte in diesem Band hat der Herausgeber zusammen mit Elisabeth Günther aus dem Bengali übersetzt. Alle Bildwiedergaben stammen von der Hand Rabindranath Tagores.

An dieser Stelle denke ich dankbar an Shyamal Dasgupta für seine freundschaftliche Mitgestaltung. Und danken möchte ich auch Anna Baumann und Nadia Chowdhury für ihre Mithilfe. Besonders danken wir Frau Hanna Paulmann, Darmstadt, für die Unterstützung dieser Publikation.

Hirschberg, im September 2010

Alokeranjan Dasgupta

I.

Texte von Rabindranath Tagore

„Hinter all dieser Schreiberei ..."

Erinnerungsblitze

Hinter all dieser Schreiberei verbarg sich ein schüchterner Junge. Er war einsam und allein; ein Junge, der sich selbst beschäftigen konnte. Er entzog sich jedweder gesellschaftlichen oder schulischen Kontrolle. Zuhause erlebte er eine liberal-lockere Atmosphäre. Sein Vater hielt sich oft im Himalayagebirge auf, und so lag die Leitung des Hauses in der Hand seiner älteren Brüder.

Bruder Jyoti, dem ich am liebsten gehorchte, hat mich niemals zu etwas gezwungen. Mit ihm durfte ich wie mit einem Kumpel debattieren und diskutieren. Er wusste genau, wie man einem Jungen Beachtung schenkt. Dadurch, dass er mich *mich* sein ließ, förderte er mich und meine geistige Entwicklung. Hätte er mich autoritär erzogen, so wäre aus mir einer geworden, der zwar die elitäre Gesellschaft zufrieden stellen würde, aber diese Figur hätte nicht die geringste Ähnlichkeit mit mir selbst.

Wir besaßen ein riesiges Haus im alten Stil. In der Eingangshalle hingen zerbrochene Schilde, Speere und angerostete Säbel. Zum Haus gehörten auch Gebetszimmer, drei oder vier Höfe, Außen- und Innengärten und ein mit großen Krügen angefüllter Vorratsraum, in dem Gangeswasser für das ganze Jahr aufbewahrt wurde. Gewiss, in diesem Hause wurden in früheren Zeiten rauschende Feste gefeiert und prachtvolle Rituale abgehalten. Ich aber blieb außerhalb all dieser Ereignisse und Erinnerungen. Als ich auf die Welt kam, verabschiedete sich gerade die alte Zeit. Die neue Zeit war eben angekommen. Sie war da, glich aber jemandem, dessen Möbel und alles, was zum Leben dazugehört, noch unterwegs waren.

Die meisten Mitglieder meiner Familie hatten irgendein Talent: einige waren Bildende Künstler, andere Dichter oder Musiker, und in unserem Haus herrschte eine schöpferische Atmosphäre.

Im Erdgeschoss sah ich am Verandageländer immer viele Menschen vorbeigehen. Aber auf das Dach gehen zu können, bedeutete für mich, die

Grenzen aller Wohnsiedlungen überschreiten. Wenn man sich dort aufhielt, war es so, als könnte man über die Dächer Kalkuttas hinweg steigen – dorthin, wo in der Ferne das letzte Blau des Himmels in das letzte Grün der Erde überging. Ich sah die verschieden hohen Dächer und dazwischen zerzauste Baumkronen. Oft schlich ich mich heimlich auf das Dach. Immer hat mich die Mittagszeit fasziniert, so als ob sie die Nacht des Tages sei und die Wanderlust eines jungen Mönchs signalisiert.

Das Herz Kalkuttas war noch nicht mit Pflastersteinen belastet. Viel Grün war da. Der Himmel war noch nicht rußgeschwärzt. Durch das Dickicht der Gebäude drangen die Sonnenstrahlen und spiegelten sich in den Teichen. Die Schatten der Feigenbäume dehnten sich länger und länger aus. Kokospalmblätter durchrauschten die Luft. Das Gangeswasser floss in geschlossenen Kanälen und sprudelte am Ende im Teich unseres südlich gelegenen Gartens. Gelegentlich erschallten in der Gasse die Rufe der vorbei rennenden Sänftenträger. Auf der Hauptstraße schnalzten die Kutscher. Abends brannte eine Öllampe. Unter ihrem gedämpften Licht streckten wir uns auf der Strohmatte aus und lauschten den Märchen unserer lieben alten Amme. Sogar in jener beinahe lautlosen Welt stand ich noch abseits. Ich war schüchtern, still und völlig in mich zurückgezogen.

Unser offenes Dach bedeutete für mich das schönste Ferienland. Von Kind an bis zu meinem Erwachsensein sind dort die verschiedenartigsten Tage für mich verflossen.

Abends wurden auf dem Dach Matten ausgebreitet und Lehnstühle aufgestellt. *Bel*-Blumen-Girlanden lagen in feuchte Tücher geschlagen auf einem Silbertablett. Tassen waren mit Wasser und Eiswürfeln gefüllt. Eine Metalldose enthielt Betelblätter.

Die Sonne färbte sich rot. Falken stießen unter dem Himmel ihre Schreie aus. Auf der Gasse boten fliegende Händler Armreifen feil. Diese unbeschwerten Nachmittagsstunden gibt es heute nicht mehr. Diese sorgenfreien Händler gibt es auch nicht mehr.

Das Dach glich einer Wüste – so wie ich es in Reiseberichten gelesen hatte. Es war rundherum öde. Der heiße Wind blies den Staub vor sich her. Der Himmel wurde langsam fahl.

Beim Lernen war einer meiner Hauptfehler, dass mich nichts lange an einem Thema ausharren ließ. Ich füllte den Beutel meiner Neugierde mit allem, dem ich zufällig begegnete.

Damals gab es in der Stadt weder Gas noch Strom. Als das Kerosinlicht kam, waren wir über seine Lichtstärke sehr erstaunt. Der Zimmerdiener ging abends von Zimmer zu Zimmer und zündete die Rizinusöllampen an. In unserem Studierzimmer brannte eine Stehlampe mit zwei Dochten. Der Lehrer lehrte uns im Dämmerlicht aus Pyari Sarkars *First Book*. Zunächst gähnte ich, dann wurde ich schläfrig und musste meine Augen reiben. Sogar der unbequeme Gedanke, der einzige Ungebildete unter allen Jungen bleiben zu müssen, konnte mich nicht wach halten.

Wenn es zu dämmern begann, stand ich auf und zog meine Ringerhose an. Im Winter bekam ich dabei eine Gänsehaut.

Vom Ringen zurückkehrend, sah ich, dass der Medizinstudent bereits auf mich wartete, um mir Anatomie beizubringen.

An der schwarzen Tafel stand allerhand Mathematik, Algebra und Geometrie-Gekritzel. In der Literatur lernte ich am Anfang *Sitar Vanavas* und dann sofort das große Epos *Meghnad-Vadhkavya*. Außerdem musste ich auch noch aus einem Buch über Naturwissenschaften lernen.

Ich fing an, das *Mugdhabodh* auswendig zu lernen, ohne davon auch nur das Geringste zu verstehen. Je stärker der Lerndruck am Morgen war, umso heimlicher bemühte sich mein Innerstes, diese unnötige Last aus dem Gedächtnis zu verdrängen. Denn in der Merkfähigkeit entstanden Lücken, und all das Auswendiggelernte wollte durch diese entschlüpfen.

Die Tage vergingen eintönig. Der Löwenanteil meines Tages wurde von den Schulstunden verschluckt. Mit den Überbleibseln – am Vormittag und am Nachmittag – konnte man nicht mehr viel anfangen. Im Klassenzimmer schien es, als würden uns die Stühle und Pulte mit ihren Kanten wie mit Ellbogen stoßen. Es schien, als blickten sie uns jeden Tag gleichermaßen stumpfsinnig an.

In jener Zeit gab es keine einheitliche Schulpflicht für Arme und Reiche. Damals besaß auch unsere Familie keinen nennenswerten Reichtum mehr. Dafür aber genoss sie in der Gesellschaft kein geringes Ansehen. Nur aus diesem Grunde musste ich die Schule besuchen. Aber das Lernen als solches war für mich trotzdem nicht obligatorisch. Ich wurde von der Grundstufe bis zur

Bengal Akademi des Herrn De Cruz einfach mit- und durchgeschleust. Alle, die für meine Erziehung zuständig waren, gingen davon aus, dass ich zumindest so viel Englisch lernen würde, um damit wenigstens mein Gesicht wahren zu können.

Im Lateinunterricht blieb ich stur, teilnahmslos, stumm und taub. Alle meine Schulhefte waren schlicht tabula rasa geblieben – fahl weiß, wie das Witwengewand einer Hindufrau. Mein Klassenlehrer beklagte sich ständig bei Schulleiter De Cruz über meine eigensinnige Faulheit. Aber Herr De Cruz machte ihm klar, dass der Mensch nicht geboren werde, um zu lernen, sondern um das monatliche Schulgeld zu bezahlen …
Jnanbabu, mein Privatlehrer, vertrat dieselbe Meinung. Und er hat für mich eine glückliche Lösung gefunden. Denn er ließ mich den *Kumarsambhava* von Kalidasa von Anfang bis zum Ende auswendig lernen. Dazu schloss er mich in mein Zimmer ein. Dann zwang er mich, *Macbeth* von Shakespeare ins Bengalische zu übersetzen. Pandit Ramasarvasa hatte mir *Shakuntala* von Kalidasa nahegebracht. Dabei hat er mir erlaubt, dass ich mich auch außerhalb der Klassenräume aufhalten durfte. Dies alles sind die Zutaten, die mein Kindheitsbewusstsein geprägt haben. Darüber hinaus stand mir eine große Anzahl an Bengali-Büchern, meist Kitsch, zur Verfügung. Ich habe alles wahllos verschlungen.

Damals gab es keine Verständigungsbrücke zwischen Erwachsenen und Jungen. Jyotidada aber kümmerte sich nicht um all diese altmodischen Sitten. Er brachte einfach einen neuen Geist mit. Er war zwölf Jahre älter als ich. Dass ich trotz des Altersunterschieds seine Aufmerksamkeit auf mich zog, ist wie ein Wunder. Ich unterhielt mich mit ihm ohne jede Hemmung, dabei stempelte er mich nie als „frühreif" ab. Er ließ mich einfach zu Wort kommen. Ich hatte damals durch ihn den Mut bekommen, frei zu denken.

Im Schatten der östlich gelegenen Dachzimmer wurde vormittags bei Jyotidada das tägliche Ritual der Kaffeestunden abgehalten. Dabei las er uns meistens die Erstfassungen seiner Dramen vor. Manchmal durfte ich sogar – trotz meiner Unreife – etwas dazu fügen. Allmählich stieg die Sonne und sengte stärker. Krähen begannen – die Brotreste scharf im Auge behaltend – zu krächzen.

Eines Tages wurde von *Sanais* das *Baroan Raga* geblasen. Und die junge Braut kam ins Haus. Ihre kleinen, dunklen Handgelenke wurden von schmalen Goldreifen geschmückt. Zwischen uns fielen jählings die Schranken. Ein neuer Mensch tauchte – wie aus einem Zauberland – bei uns auf. Mir fehlte aber der Mut näherzutreten. Ich irrte umher. Die junge Frau hatte einen Ehrenplatz im Hause eingenommen. Ich dagegen war ja nur ein unscheinbarer Junge, dem man keine Beachtung schenken musste.

Wenn die Zeitschrift *Bangadarshan* ins Haus gebracht wurde, kam in unserem Viertel niemand mehr zu seinem Mittagsschlaf. Ich hatte einen großen Vorteil, denn, da ich gut vorlesen konnte, musste ich mich nicht um die Zeitschrift raufen. Meine geliebte Schwägerin Bauthakrun mochte es sehr gerne, wenn ich ihr vorlas. Dabei kam ich gleichzeitig in den Genuss der Luft von Bauthakruns Handfächer. Elektrisch betriebene Ventilatoren gab es zu dieser Zeit nicht.

Irgendwann mal verriet mir ein älterer Cousin, wie man eine vierzehnsilbige Zeile metrisch richtig wiedergibt. Ich versuchte es und sah diese Kunst magisch vor mir entstehen. Es war, als ob eine Lotosblüte, umsummt von Wespen, in poetischem Versmaß aus meiner Hand erstehe. Seither bestand zwischen mir und anderen Dichtern kein Unterschied mehr. Ich bemühte mich darum, dass es so blieb.

Genau erinnere ich mich auch daran, wie unser Schulleiter Gobindababu aufhorchte, als er erfahren hatte, dass ich dichtete, und mich dann aufforderte, etwas für die Schule zu schreiben. Er rechnete natürlich damit, dass dadurch unsere Grundschule in die Geschichte eingehen würde. Ich durfte schreiben und rezitieren und mir außerdem von meinen Klassenkameraden auch noch sagen lassen, dass ich das alles sicherlich nur irgendwo abgeschrieben hätte. Aber diejenigen, die mich beurteilten, ahnten nicht, dass ich mich eigentlich erst später von den so wundervollen Gedanken anderer habe inspirieren lassen. Dieser Gedankenraub aber erwies sich als sehr wertvoll.

In meiner Kindheit war es Mode, dass in den Häusern reicher Familien Amateur-Jatra aufgeführt wurden. Jungen mit lieblichen kleinen Stimmen wurden in diesen Gruppen besonders bevorzugt. Auch für die professionellen Jatra-Gruppen herrschte im damaligen Bengalen enorme Begeisterung. In den verschiedensten Wohnvierteln wuchsen die Jatra-Gruppen unter der Leitung renommierter *Adhikari*.

Sie mussten nicht unbedingt aus den oberen Kasten stammen und benötigten dann auch keine besondere Ausbildung. Lediglich ihrem Talent verdankten sie ihren guten Namen.

Bei uns zu Hause fanden auch Amateur-Jatra-Abende statt. Aber weil ich angeblich noch zu klein war, durfte ich dabei nicht zusehen. Es wurde mir nur erlaubt, bei den Proben anwesend zu sein. Dabei saßen die Darsteller auf unserer Veranda. Sie stießen mächtige Tabakschwaden aus. Die jugendlichen Spieler trugen lang wallendes Haar und hatten schwarze Ringe unter den Augen. Ihre frühreifen Gesichter trugen bereits die Züge der Alten. Vom übermäßigen Genuss der Betelblätter hatten sich ihre Lippen schwarz gefärbt. Bunte Blechkoffer enthielten ihre Theaterkostüme. Es gehört sich natürlich, dass Eltern ihren Kindern fast alles verbieten. Aber einmal war unser Glück groß: die Eltern waren guter Laune und wir Kinder durften die Jatra-Veranstaltung besuchen …

Ich erinnere mich, dass ich aus dem Schlaf gerissen und ins Freie gebracht wurde. Die Petroleumlampen aus dem ersten und zweiten Stockwerk erhellten die Nacht. Unser Hof war mit weißen Tüchern ausgelegt und erschien dadurch unendlich groß und breit. Auf einer Seite saßen die älteren Mitglieder unserer Familie zusammen mit ihren Gästen. Der Rest des freien Platzes war überfüllt mit Menschen, die von überall her gekommen waren.

Bei den Veranstaltungen der Profis waren die berühmten Darsteller bis zum Bauchnabel mit Goldketten behängt. Aber bei unserer Amateur-Veranstaltung traten meist, wie die feinen Herren sagen würden, „Gewöhnliche“ auf. Auch wurden Singspieltexte von einfachen Volksschreibern verfasst, die ihre Schreibübungen noch mit der Schilfrohrfeder gemacht hatten. Sie hatten nichts aus den englischen Übungsheften kopiert. Die Musik und die Choreographie dieser Laientheater war durch und durch vom bengalischen Volkstum geprägt. Ihre Themen entstammten dem Dorfmarkt, dem Flussufer oder den Feldern. Ihr Sprachstil wurde von keinem Pedanten überarbeitet.

Manchmal besuchten uns Bärentänzer in unserem Hof. Auch kamen Schlangenbeschwörer, um uns das Spiel ihrer Schlangen vorzuführen. Zauberer sorgten für Abwechslung in unserem Alltag. Ihre Handtrommeln ertönen heute nicht mehr in unserer Chitpur-Straße. All diese Unterhaltungskünstler haben sich der Kino-Ära gebeugt und sind aus dem Lande geflohen.

Heutzutage wuchern Unterhaltungsangebote in der Stadt. Jeder kann jederzeit überall billig ins Kino gehen. Damals war für uns eine Jatra-Veranstaltung eine so kostbare Seltenheit, als müsse man nach meilenweiter Wanderung aus dem Sand des ausgetrockneten Flussbetts Wassertropfen schöpfen. Die Veranstaltungen dauerten stundenlang, und die Zuschauer nahmen alles gierig in sich auf.

Die damalige Zeit glich einem Königssohn, der zu festlichen Anlässen in seinem Lande je nach Laune großzügig spendete. Die jetzige Zeit dagegen ist wie ein Kaufmannssohn, der seine Waren an den Straßenkreuzungen feil bietet. Dort treffen sich die Kunden aus Seiten- und Hauptstraßen.

In unserem großen Familienkreis blieb mein Vater allein – ein alleiniger Herrscher, der mit der Sonne, die still in ihrem Glanze steht, vergleichbar war.

Dieser Ashram Santiniketan ist als ein besonderes Geschenk durch Vaters Abgesondertheit entstanden. Gewöhnlich hielt er sich dem Gedränge fern, war aber gleichzeitig mit den Mitmenschen durch seine Güte verbunden. Dieser Ashram versinnbildlicht Freude an der Schönheit der Natur und seelisches Glück. Sein Leben erhielt seinen eigentlichen Sinn dadurch, dass er die beiden Quellen der Freude ineinander fließen ließ.

Ich kann mich überhaupt nicht an meine Mutter erinnern, nur manchmal scheint es mir, während ich spiele, als umschwebe eine Melodie mein Spielzeug. Jene Melodie, die sie vor sich hin summte beim Schaukeln meiner Wiege …

Ich kann mich überhaupt nicht an meine Mutter erinnern, nur wenn ich meine Blicke durch das Fenster meines Schlafzimmers in das Blau des weiten Himmels schweifen lasse, spüre ich die Stille ihres Blicks auf meinem Gesicht – ein Blick, der sich über den ganzen Himmel spannt.

Shrikanthababu, ein Freund der Familie, vertiefte sich Tag und Nacht in Musik. Er saß auf der Veranda, rieb sich mit duftendem Chameliblumenöl ein und nahm danach ein Bad. Oft hielt er den Schlauch der Wasserpfeife in der Hand und ließ feinen Tabakduft um sich verströmen. Leise summte er vor sich hin. Dabei hatte er die Gabe, uns Kinder um sich zu versammeln. Er gab uns nie das Gefühl, dass er uns Musik lehrte. Er schenkte sie uns einfach. Auch war uns gar nicht bewusst, warum und wie wir uns diese Musik angeeignet hatten.

Der Architekt meiner Bestimmung, der mich geformt hatte, verwandte zu diesem Zweck die Erde Bengalens. Meine erste Gestalt – die meiner Kindheit – enthielt keinerlei andere Beimischungen. Meine Umgebung bot genügend Baumaterial an. Die familiäre Atmosphäre leistete das Ihre dazu. Oft geschieht es, dass an diesem Punkt der Werdeprozess eines Menschen endet. Diejenigen, die außerdem noch Bildungsstätten besuchen dürfen, erfahren dadurch eine besondere gesellschaftliche Wertsteigerung. Zum Glück bin ich in keine dieser Bildungsanstalten geraten. Langsam mussten meine

Hauslehrer, die extra zu dem Zweck engagiert wurden, mir über die Bildungshürden hinüber zu helfen, alle ihre Hoffnung für mich aufgeben.

Als ich nach England ging, begann die ausländische Kunstfertigkeit mein Leben zu formen. So wie es in der Chemie den Begriff „Verbindung" gibt, genau so war es. Ich ging natürlich nach England, um dort allerhand Künste zu studieren. An Versuchen hat es nicht gefehlt. Aber das Ergebnis war gleich Null. Ich streifte um die Schulhäuser herum und führte eine Reihe meiner Privatlehrer hinters Licht. Was ich aber dennoch lernte, lernte ich von den Menschen, in deren Nähe ich sein durfte. Und so wurde ich von vielen Seiten der englischen Atmosphäre geprägt.

Ich studierte dort nur drei Monate an der Universität. Aber das Ergebnis meiner eigentlichen Auslandserziehung war das Produkt der dortigen Menschennähe und mein Anschluss an sie. Der Meister der Menschenerschaffung bringt immer wieder neue Materialien herbei, um seine Menschenfiguren umzugestalten und neu zu schaffen. Die Umformung geschah mit mir während der drei Monate, in denen ich mich in der Nähe der Herzen der Engländer befand. Jeden Abend durfte ich meiner Hauswirtin bis um 11 Uhr Gedichte, Dramen und Geschichten vorlesen. In dieser kurzen Zeit lernte ich sehr viel. Das war nicht mit dem Lehrplan der Schule zu vergleichen. Hier vollzog sich die Verbindung des Geistes mit der Literatur.

Eigentlich ging ich nach England, um Rechtsanwalt zu werden. Bin es aber nicht geworden. Dort blieb das Wesentliche meiner Lebensstruktur unerschüttert. Ich fand in mir die Vereinigung der Hände des Ostens und des Westens und fand so die Auslegung meines Namens in meinem Sein bestätigt.

Momentaufnahmen

Plötzlich war ich von dem Gedanken erfüllt, dass mich eine ewige Liebe durch die verschiedenen Zeitalter erwartet.

Durch viele Geburtszyklen und in vielen Spiegeln habe ich ihr Bildnis gesehen. Aber all diese Spiegel waren entweder blind, zerbrochen oder staubbedeckt. Als ich versuchte, mir diese Spiegel anzueignen und sie in einem Kästchen verschloss, konnte ich aber das Bildnis nicht mehr sehen. Aber was bedeutet das? Was habe ich mit einem Spiegel oder gar mit einem Bildnis zu tun?

Mit allem in dieser Welt habe ich grundsätzlich etwas Gemeinsames: mit dem Staub und den Bäumen, mit den Vögeln und all den anderen Tieren und mit den einfachen Menschen. Aber an einem Punkt gibt es nichts Gemeinsames – nämlich bei meiner Einzigartigkeit. Das Wesen, welches ich als ICH bezeichne, ist absolut ohne Alternative. Diese Erschaffung in Gottes endloser Schöpfung ist einfach einmalig – es ist lediglich ein Ich, nur ein unvergleichbares Ich.

Die Welt dieses Ichs ist meine eigene: niemand außer Gott, der alles von mir weiß, ist berechtigt, in diese großartige, geheimnisvolle Sphäre einzudringen.

Der Baum schaut mich an.

Er wird unruhig, als wolle er fragen: „Verstehst du nicht?"

Ich tröste ihn: „Sei nicht so ungeduldig, alles habe ich verstanden."

Für eine Weile wird er ruhig. Dann aber sehe ich, er ist ziemlich aufgewühlt: wieder fängt bei ihm das Zittern und Flimmern an.

Ich beruhige ihn wieder und sage: „Ja, Ja, ich weiß; von jeher habe ich mit dir gespielt.

Durch Abertausende von Jahren teile ich mit dir dieses irdische Spielgelände. Beide haben wir der Sonne Licht getrunken und uns an der Brust von Mutter Erde erquickt."

Da höre ich, wie der Wind durch ihn streicht und er „ja, ja, ja“ raunt.

Jene Sprache, die mein Herz anspricht, die lautlos durch Licht und Dunkel zieht, erreicht mich durch sein Blätterrauschen. Es ist die universelle Sprache; ihre Botschaft lautet:

„Ich bin, ich bin, wir sind.“

Ihre Mitteilung verbreitet Freude. Diese Freude lässt die Welt und all ihre Moleküle erzittern.

Mit meinem Baum unterhalte ich mich heute über das Thema Freude.

Er fragt: „He, bist du da?“ Ich erwidere: „Ja, mein Freund, ich bin da.“

So ertönt es in gleichmäßigem Takt wie von Zimbeln: „Bin da, bin da.“

Dem Dorf zu dienen hat zwei Seiten. Erstens: man muss aufs Land gehen, um dort zu arbeiten, und zweitens muss man die dazu erforderlichen Kenntnisse über die Landwirtschaft erwerben, damit man den Dorfbewohnern wirklich nützlich sein kann. Ich kann mich nicht um ganz Indien kümmern oder gar die ganze Verantwortung dafür übernehmen und tragen. Ich möchte lediglich ein paar kleine Dörfer für mein Vorhaben gewinnen. Voraussetzung dafür wäre, die Kraft zu haben, mit den Dorfbewohnern solidarisch zusammenzuarbeiten. Wenn ich nur zwei oder drei Dörfer von ihrer unwissenden Trägheit befreien könnte, könnte dies in ganz Indien Schule machen. In diesen Dörfern sollte ein jeder Erziehung erhalten können und überall Frohsinn herrschen. Musik- und Literatur-Abende dürften da natürlich auch nicht zu kurz kommen. Nur diese Art von Dorfgemeinschaften entspräche meinem Indienbild.

Der Mensch ist zügellos. Als er in den Wäldern hauste, bestand zwischen ihm und der Natur eine harmonische Wechselbeziehung. Als er aber zum Stadtbewohner wurde, verlor er jedes Gefühl für den Wald. Der Mensch hat den Baum, den ihm doch einst Gottes Gastfreundschaft schenkte, gefällt, um sein städtisches Haus aus Holz und Ziegeln zu errichten …

Jetzt aber ist der Wald gestorben. Und eine große Gefahr ist im Anzug. Dieses Problem besteht nicht nur in Indien. Überall auf der Welt ist es heute schwieriger geworden, die Waldschätze vor der Menschen Gier zu beschützen. In den Vereinigten Staaten von Amerika wurden riesige Waldgebiete einfach gerodet. Deswegen gibt es dort Sandstürme, die den Ackerbau schädigen und unter sich begraben …

Der gierige Mensch hat so sein eigenes Unheil angerichtet, indem er den Wald vernichtete. Eigentlich sind es doch die Bäume, die für uns die

Luft sauber halten. Die von den Bäumen fallenden Blätter düngen die Erde. Aber durch den Kahlschlag hat der Mensch auch diese Möglichkeit zunichte gemacht. Heute ist es an der Zeit, dass wir unseren Eingriff in die Natur bitter bereuen.

Wenn Maschinen und Fabrikanlagen mit ihren rußigen Auswürfen und üblen Gerüchen unsere wunderschöne Erde umhüllen, wird die Menschheit sich und die Erde zerstören. Es ist deshalb Pflicht, diese Menschen aufzuwecken und bei ihnen die Vernunft des Herzens und des Gewissens wachzurütteln, damit alle Länder und nicht nur vereinzelte Gruppen beginnen, ein neues ethisches Verantwortungskonzept zu entwickeln. Jeder ist dazu aufgerufen, im Blick auf die Gestaltung einer neuen Weltgeschichte an sich und seiner Umgebung zu arbeiten.

Vor kurzem hatte ich Ihnen versichert, dass es niemandem auf dieser Welt schaden würde, wenn ich mich ausschließlich als Literat betätigte und mich nicht mehr um die Beseitigung von sozialem Unrecht kümmerte. Aber das ist nicht so einfach. Es gibt manchmal Situationen, in denen es ein schreiendes Unrecht ist, wenn man sich hinter seiner eigentlichen Berufung verschanzt hält ... Ich habe aus glaubwürdiger Quelle einen erschütternden Bericht über die hilflose Situation eines Opfers zugetragen bekommen. Dabei handelt es sich um Herrn Jyotish Chandra Ghosh aus Hooghly, der zurzeit in der Heilanstalt von Behrampur festgehalten wird. Wie ich höre, liegt er Tag und Nacht bewegungslos auf dem Rücken, er ist bewusstlos und starr. Sein Blick ist leer, die Gesichtszüge verzerrt, und seine Beine sind verkrümmt. Vermutlich ist er gelähmt. Er zeigt keinerlei Reaktion auf äußere Reize und ist nicht in der Lage, den Mund zu öffnen, um zu sprechen. Man sagt, in dieser Verfassung liege er seit etwa sechs Monaten da. Er wird künstlich ernährt. Der Kraftaufwand, der erforderlich ist, dies durchzuführen, löst keine Lebenszeichen bei ihm aus. Nur sein Atmen zeigt noch, dass er lebt.

Das Geringste, was ich für mein Land tun kann, ist, sämtliche Konsequenzen auf mich zu nehmen und den millionenfach aufflammenden Protest meiner Landsleute, die aus Angst vor der Gewaltherrschaft fassungslos geworden sind, mit der mir zur Verfügung stehenden Sprache zum Ausdruck zu bringen. Nun ist der Zeitpunkt gekommen, dass Ehrungen und Auszeichnungen nur unser grenzenloses Schamgefühl noch unterstreichen können. Ich möchte deshalb an der Seite meiner Landsleute, deren Menschenwürde zugrunde gerichtet worden ist, ohne Auszeichnungen jedweder Art stehen.

Wenn ich mich umsehe, finde ich nichts anderes als Anhäufungen von Einfältigkeit als Ruinen unserer eitlen Zivilisation. Trotzdem werde ich mein Vertrauen an die Menschen nicht verlieren. Das wäre doch die größte Schande. Ich warte auf den Neubeginn der Menschheitsgeschichte – ein neuer Anfang nach totalem Umsturz –, in dem durch Opferdienste das Klima gereinigt ist.

Die Parolen von Patriotismus und Autarkie verursachen höchste Aufregung bei meinen Landsleuten, weil dadurch sofort und instinktiv Rachegefühle geweckt werden. Auch mich selbst lassen diese hitzigen Impulsivitäten nicht unberührt. Aber da ich Dichter bin, fühle ich mich irgendwie nicht in der Lage, diese Racheausbrüche als endgültig zu betrachten. Sie fordern viel mehr als sie verdienen. Nachdem dieser Prozess einen gewissen Punkt erreicht hat, entferne ich mich gezwungenermaßen von meinen Landsleuten, denen mein ganzes Arbeiten und Sein gewidmet ist. Denn ich glaube, dass der totale Mensch auf gar keinen Fall für Patriotismus oder Moralismus geopfert werden darf.

Seit langem bin ich mir darüber im Klaren: Männer sind von Natur aus zerstreut. Frauen dagegen sind ziemlich harmonisch. Ihre Gespräche, ihre Art sich zu kleiden oder zu bewegen, ihre Umgangsformen und wie sie sich ihr Leben einrichten, all das hat einen inneren Zusammenhang. Das Ganze beruht auf einer organischen Gesamtheit.

Wolken verwandeln sich in Regentropfen,
sie wollen der Erde sich fügen.

Genau mit diesem Sehnen nach Verbindung
kommen die Mädchen zur Welt, wer weiß, woher.

Kleiner Raum und wenig Menschen,
das ist ihre Welt.
Sie müssen darin alles unterbringen –
ihre Anliegen, Leiden und Gedanken.
Darum verlangen ihre Schläfen den Schleier,
ihre Arme Reifen und Höfe Zäune.
Frauen sind die Göttinnen des begrenzten Himmels.

Das *Kopai*-Flüsschen ist meine Nachbarin.
Es hat keine ruhmvolle Abstammung.
Sein Name ist halt nicht arisch –
Kopal ist verbunden mit dem Kichern
der *Santali*-Mädchen.

Es spricht Umgangssprache –
man kann sie keineswegs als vornehm bezeichnen.
Zierlich schlängelt es sich im Schatten und Licht,
tänzelt plätschernd –
Wie ein angeheitertes Dorfmädchen,
das nichts zerbricht oder niemand ertränkt.
Es dreht sich in seinem Wassergewand,
stößt an beide Ufer,
lacht laut und schießt davon.

Der Fluss kriecht durch den Sand. Leer ist die Wiese.
Es gibt kein Zufluchtsufer.
Seicht ist das Gewässer. Bäume spenden hier keinen
Schatten. Die Dörfer liegen weit entfernt.
Nur der raue Wind streicht über die Erde.
Es schreit die geräuschlose Stille.
Mittagszeit wird zur Einöde. Hier gibt es weder
Wachen noch Schlafen.

Kind, du ähnelst Shiva und hebst deine Arme empor. Wohin auch immer du deine Füße stellst, dein kosmischer *Tandava*-Tanz bringt alles durcheinander. Sorglos zerstörst du deine eigene Pracht. Dein vernichtendes Schwungrad wirbelt überall den Staub des zertrümmerten Spielzeugs auf. Was auch immer du erschaffst, entfesselst du durch Zerstörung. Spielketten zerreißt du, dabei rettest du das Spiel. ...

Du Shiva ähnelndes Kind, nimm mich, deinen Verehrer, in deine kosmische Tanzgruppe auf; schenk mir deinen Wahn, alles zu vergessen. Bring mir dein spielzeugzerstörendes Spiel bei. Wenn ich Bande meines Schaffens zerreißen könnte, all meine Lieder stimmten rhythmisch überein mit deinen herumtobenden Tanzschritten.

Es ist mir einfach unmöglich, ein Bild zu deuten. Denn ich denke mir nicht zuerst ein Thema aus und setze mich dann hin, um es darzustellen. Es fließt aus meiner nassen Feder, gerade wie es der Zufall will, eine Figur. Ihre Herkunft war bisher unbekannt. Das ist ähnlich wie bei König Janaka, der beim Umpflügen der Erde seine Janaki fand.

Oft werde ich nach der Bedeutung meiner Bilder gefragt.

Da bleibe ich, genau wie meine Bilder, schweigsam. Sie sind dazu da, um etwas auszudrücken, und nicht, um herumzudeuteln.

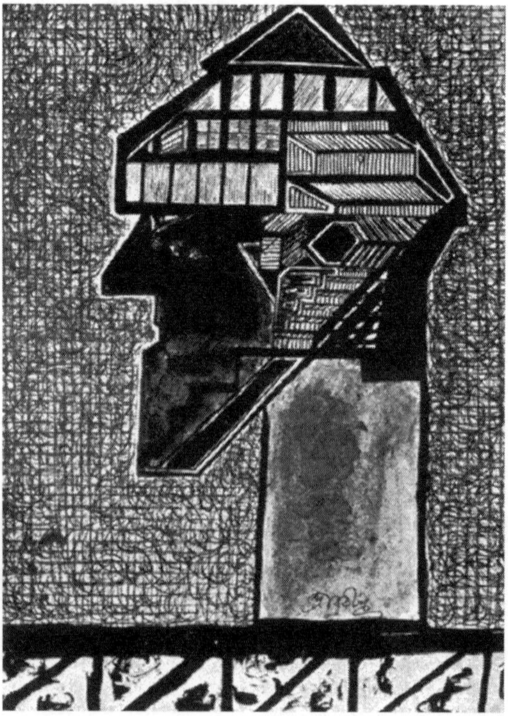

Gedichte

Where the mind is without fear
And the head is held high;
Where Knowledge is free;
Where the world has not been broken up
into fragments by narrow domestic walls;
Where words come out from the depth of truth;
Where tireless striving stretches its arms
towards perfection;
Where the clear stream of reason
has not lost its way
into the dreary desert sand of dead habit;
Where the mind is led forward by thee
into everwidening thought and action
Into that heaven of freedom, my Father,
let my country awake.
Rabindranath Tagore

Dieses Mal

Der Frühling, der früher mal mit seiner Spieltruppe
für fröhlichen Lärm sorgte,
in meinem Hof schallend lachte,
mit Granatäpfeln, *Palash* und dem frischen Grün der Wälder
den blauen Himmel durch seinen kirschroten Kuss
benommen machte,
kommt heute still in meine Klausur,
sitzt reglos in einer Ecke des Zimmers.
Ich schaue in die Ferne, wo das üppige Gras
im Blau des Himmels verlischt.

Am Padmafluss, Januar 1916

Verloren

Von ihren Spielgefährtinnen gerufen,
stieg mein kleines Mädchen
die dunkle Treppe hinunter.
Da bekam sie Angst
trotz der Tonlampe in ihren Händen,
die sie behutsam mit ihrem Sarizipfel schützte.

Ich war auf dem Dach,
die Frühlingsnacht gehörte den Sternen.
Als ich plötzlich meine Tochter weinen hörte,
eilte ich zu ihr. Mitten auf der Treppe
ist die Lampe durch einen Luftzug erloschen,
und ich fragte: „Was ist passiert, Bami?"
Sie antwortete aus dem Dunkel:
„Ich bin verloren gegangen, Papi".

Als ich in der sternbedeckten Nacht
zum Dach zurückkehrte,
sah ich hinauf, und mir fiel sofort auf:
Ein anderes Mädchen dort oben – wie meine Bami –
wandert herum im blauen Himmel,
bewegt sich ebenso vorsichtig
und schützt die Flamme ihrer Lampe.
Wenn diese Flamme ausginge,
würde sie den Himmel
mit ihren Tränen durchdringen:
„Ich bin ganz und gar verloren".

1918

Verspätet

Ich war so lange unterwegs,
dass die Kirschblüten verwelkten,
der Tag war vertan, Geliebte,
dennoch hat die Azalee, dich mimend,
verständnisvoll gelächelt.

1927

Richtfest

Du ziehst in eine neue Wohnung,
meine zeigt schon Risse.
Du suchst nach einem neuen Kampf,
ich verlasse die Kulisse.
Du stimmst die Saiten der Sitar,
mein Lied kommt bald zum Schluss.
Mit diesem Beginn und Ende
schließt sich nun unser Zyklus.

1927

এ বিশ্বের স্পর্শের সাগর

আমি মোর সর্ব অঙ্গ করেছি মগন—

এই মুক্ত উদার [redacted] গগন

বাজায় অদৃশ্য মাঝে এ শব্দহীন সুর—

আমার চিত্তপাত্র নয়ন [redacted]' ঢেলে দেয় সুনীল [redacted] সুদূর।

১১ নবেম্বর বুয়েনোস্ এয়ারিস্

১৯২৪

হে বিদেশী ফুল, যবে আমি পুছিলাম [redacted],

কি তোমার নাম?

হাসিয়া দুলালে মাথা, বুঝিলাম তবে

নামেতে কি হবে?

আর কিছু নয়

হাসিতেই তোমার পরিচয়।

Ein schwarzer Hengst

Das schwarze Wildpferd
schnaubte die ganze Nacht hindurch –
mein blindes Verlangen.
Das Ungreifbare zu erlangen,
stampfte es den holprigen Weg entlang
und wühlte mit seinen Hufen die Erde auf,
dabei wieherte es ruhelos
wie die schwarze Flamme der Endzeit
im dunklen Nebel.

Verwirrt in der Nacht,
sah es plötzlich,
dass die Tür offen war
und galoppierte hinaus.
Die Zügel hielt meine verborgene Liebe,
nun eine Ikone aus Schmerz.
Ich konnte sie nie öffentlich zeigen,
sie blieb ein Geheimnis in mir.

Bei Neumond tobt das zügellose Pferd:
meine schwarzen Gedanken.
In selbstvernichtendem Wahn
jagt es auf einem unbekannten Weg
bis in die Vergessenheit.

Das soll es auch.
Jenseits der frustrierten Nacht
soll es den unerfüllten Wunsch
endgültig in eine stumme Leere treiben.

Nach dem Feuerbad der Trennung
löst sein Schmerz sich auf
in einem heiteren Herbsthimmel.

Januar 1931

Reise

Könige ziehen in den Krieg,
Trommeln und Becken schlagen,
die Erde bebt und
Minister knüpfen verschwörerisch
Netze mit Nachbarstaaten.
Handelswege
durchziehen die Welt,
Frachtschiffe, die Wellen schlagen,
überqueren die Meere.
Siegessäulen mit Heldentaten
werden auf Skeletten errichtet,
ihre Spitzen
ragen höhnisch in den Himmel.
Wissenschaftler begleiten Soldaten,
greifen Manuskripte an,
die in der Zitadelle verborgen lagen.

Hier aber fließt am Dorfrand
ein Fluss mit ruhiger Strömung.
Ein Boot trägt die Braut
zu einem entlegenen Dorf.
Die Sonne sinkt,
am Ufer liegen stille Wiesen.
Die Braut zittert.
Im Dunkeln
geht ein Abendstern auf,
zögernd.

1931

Der Atem

Seit Äonen strahlen die Sterne,
im finsteren Fluss der Zeit
wirbelt eine Feuerspirale.
In diesem Strom eine Tonblase: die Erde,
darin der Atem,
nur für ein kurzes Weilchen
entfacht er ein Lichterfest für die Unendlichkeit.
Ohne ihn würde im kosmischen Andachtsraum
kein Muschelhorn ertönen,
gäbe es auch keinen einzigen Besucher,
und das Lobesmantra des Lichts
bliebe ungesungen, stumm.

14. Juli 1932

Meine Ferien

An einem Morgen in den *Puja*-Ferien,
schlägt die Uhr zehn,
doch keiner muss zur Schule;
die Jungen sind längst weg,
um auf der Festwiese
Kricket zu spielen.
Genauso werde ich mich
im heiteren Himmel verlieren
an einem Tag in den Ferien,
einfach so.

1937

Kommen und Gehen

Es kam die Liebe
mit so leisen Schritten,
ich dachte, ich träumte,
bot ihr auch keinen Platz.

Erst als sie zum Abschied die Tür öffnete,
nahm ich sie wahr,
und beeilte mich, sie aufzuhalten,
da hatte sie bereits ihre Umrisse verloren.

Sie erlosch im Dunkel –
in der Ferne schillerte
eine Fata Morgana,
scharlachrot.

Santiniketan, 28. März 1940

ওগো বৈতরণী,
ওগো বৈতরণী

Nachtzug

Dieses Leben: ein Nachtzug –
fuhr eben ab.
Das Zugabteil ist mit Schlaf besetzt,
die Nacht schweigt.
Was in dem grenzenlosen Dunkel
unkenntlich scheint,
liegt jenseits des Schlafes in einem Land
nicht vorhanden auf der Weltkarte.
Lichter blitzen auf
von Unbekanntem zu Ungenanntem,
zu einer unlesbaren Anschrift
in einer schweigsamen Nacht.
Wie weit noch zum Bestimmungsort?
Die Nacht weiß keine Antwort darauf.
Wo hört die Ferne auf?
Auch ich kann es nicht sagen.
Der Lokführer nennt seinen Namen nicht;
manche glauben, er sei nur eine Maschine,
und habe keine Seele,
dennoch schenken sie ihm ihr Vertrauen
und bereiten ihr Bett für die Nacht,
sagen, er sei unberechenbar,
doch zielsicher in seiner Geschwindigkeit.
Der Namenlose durchreist immer wieder Orte,
deren Einwohner eine Dunkelziffer bleibt.
Trägt er ihren Atem?
Sein Gesicht zeigt
Zweifel und Zuversicht zugleich.

Der Zug fährt weiter,
unaufhaltsam unter dem Himmel.
Die dort tief schlafen,
träumen von einem fernen Morgen.

Santiniketan, 28. März 1940

Anschlag

Die Nachmittagssonne macht ihren letzten Halt.
Die Luft ist müde vom Wehen.
Zum Wochenendmarkt ist ein voll beladener Ochsenkarren unterwegs,
durch menschenleere Wiesen,
hinterher läuft ein Kälbchen mit einem Strick angebunden.
Am Teich sitzt der Junge des Lehrers mit seiner Angelrute.
Über das Flussufer fliegt ein wilder Schwan und
schreit nach Nahrung.

Das Zuckerrohr ist schon geerntet.
Der Wald atmet auf nach dem Regen,
und das Gras ist feucht.
Dort entlang gehen zwei Freunde spazieren.
In der Ferienzeit haben sie sich zufällig wieder getroffen.
Einer von ihnen ist frisch verheiratet,
er redet ununterbrochen von seinem Glück.
Die Hyazinthen, die in den Windungen des Dschungelweges
hier und da aufgeblüht sind,
verströmen einen betörenden Duft,
im *Jarul*-Zweig trillert ein Frühlingsvogel unablässig.

Und ausgerechnet da
bekam ich ein Telegramm:
Finnland von russischen Bomben zerstört.

Kalimpong, April 1940

Auf dem Krankenbett 7

Bei Anbruch der Nacht,
wenn ich dich
mit den trüben Augen eines Kranken
hereinkommen sehe,
weiß ich,
alle Sterne und Planeten
sind mir geneigt.

Jedoch wenn du gehst,
wird mir klar,
wie deren Gleichgültigkeit
mich frösteln lässt.

Jorasanko, Kalkutta,
12. November 1940,
2 Uhr morgens

Auf dem Krankenbett 17

Ich döste ein,
wachte auf und sah
zu meinen Füßen
einen Korb Orangen –
jemand hatte ihn gebracht.
Mein Kopf stellt Vermutungen
in alle Richtungen an:
sämtliche Rufnamen
fallen mir nach und nach wieder ein.
Es erscheint mir, als ob
sich hinter diesem einen Namen
zahllose andere verbergen.
Gerade das macht
diese Gabe zu einem Geschenk.

Santiniketan, 22. November 1940

Rekonvaleszenz 24

Neben dem trägen Bett schleppt sich das Leben hin,
kreiert Kunst zwischen den Algenblüten,
nicht besonders anspruchsvoll, dennoch bleibt darin
ein bescheidenes Zeugnis des Seins.

Santiniketan, 23. Jan 1941

Rekonvaleszenz 6

Ziemlich weit das Himmelblau, blass,
darunter erhebt der Wald seine Arme
und bietet leise seine Opfergabe.
Die junge Sonne
breitet ihren Schleier über die Erde.
Ich muss euch dies unbedingt mitteilen,
bevor der gleichgültige Maler von oben
diese Szene von seiner Leinwand nimmt.

Santiniketan, 24. Januar 1941

Prosaskizzen

Die Sache mit dem Papagei

1

Es war einmal ein Vogel. Der war ein Trottel. Er sang seine Lieder und las keine klugen Bücher. Hüpfte herum, flog durch die Gegend, wusste nicht, was gutes Benehmen heißt.

Der König sprach: „So ein Vogel ist zu nichts nütze, im Gegenteil, er richtet Schaden an, wenn er an den Obstständen auf dem königlichen Markt die Früchte des Waldes weg frisst."

Er ließ den Minister kommen und sprach: „Sorg dafür, dass dieser Vogel was lernt."

2

Die Verantwortung für die Unterweisung des Vogels fiel auf die Neffen des Königs.

Die Pandits zerbrachen sich die Köpfe. Die Frage war, warum die besagte Kreatur eigentlich so unwissend sei.

Man kam zu dem Ergebnis, dass das Nest, vom Vogel aus gewöhnlichem Heu und Stroh zusammengefügt, nicht der rechte Ort für die Weisheit sei. Deshalb sei es zuallererst vonnöten, einen ordentlichen Käfig bauen zu lassen.

Die Staatspandits bekamen ihr Honorar und kehrte zufrieden heim.

3

Ein Goldschmied ging daran, einen goldenen Käfig zu bauen. Der Käfig wurde zu einem solchen Wunderwerk, dass Besucher von nah und fern lange Hälse machten, um ihn zu besichtige. Einer meinte: „Bildung ist einfach

Spitze." Ein anderer meinte: „Selbst wenn aus der Bildung nichts wird, haben wir's doch wenigstens zu einem Käfig gebracht. So ein Glücksvogel!"

Der Goldschmied bekam seien Beutel voll als Lohn. Sogleich machte er sich zufrieden auf den Heimweg.

Ein Pandit ging daran, dem Vogel etwas beizubringen. Er nahm eine Prise Schnupftabak und sprach: „Mit ein, zwei Handschriften ist das nicht getan."

Da zitierte einer der Neffen Abschreiber herbei. Die fertigten Abschriften von Handschriften und Abschriften von den Abschriften an, bis sie einen ganzen Berg aufgehäuft hatten. Jeder, der das sah, meinte: „Bravo. Mehr Weisheit ist nicht drin."

Die Abschreiber beluden einen Ochsenkarren mit den Präsenten und eilten sogleich nach Hause. Die Zeit, wo sie in ihrem Haushalt nicht ein noch aus wussten, war vorüber.

Für den kostbaren Käfig waren die Neffen unentwegt auf dem Posten. Dauernd war was zu reparieren. Jeder, der ihn nach all dem Putzen, Wienern und Polieren in vollem Glanz erblickte, meinte: „Es geht voran."

Viele Leute wurden angestellt, und noch mehr wurden angestellt, sie zu beaufsichtigen. Monat für Monat bekamen sie Hände voll Saldo und füllten ihre Truhen damit.

Sie und ihre Vettern mütter- und väterlicherseits räkelten sich in mehrstöckigen Häusern zufrieden auf ihren Sitzkissen.

4

Auf der Welt fehlt es sonst an vielem, nur an Miesmachern herrscht kein Mangel. Die sprachen: „Mit dem Käfig geht es voran, aber vom Vogel hört man überhaupt nichts."

Das kam dem König zu Ohren. Er ließ den einen Neffen kommen und sagte: „Neffe, was höre ich da!"

Der Neffe sagte: „Majestät, wenn Sie die Wahrheit hören wollen, dann rufen Sie die Goldschmiede, die Pandits, die Abschreiber, die Instandsetzer und die, die die Instandsetzung Beaufsichtigen. Die Miesmacher meckern nur, weil sie nichts zu essen bekomme."

Als der König diese Antwort vernommen hatte, konnte er sich ein Bild von der Lage machen, und sogleich baumelte dem Neffen eine Goldkette am Hals.

5

Der König äußerte den Wunsch, selbst festzustellen, welch gewaltige Fortschritte die Bildung machte. So erschien er also eines Tages mitsamt Höflingen, Freunden und Beratern persönlich in der Lehranstalt.

Am Ausgang dröhnten Muscheln, Gongs, Hörner, Trompeten, Becken, Schlagzeuge, Zimbeln, Flöten und Pauken und Trommeln jeglicher Art. Die Pandits rezitierten aus vollem Hals und mit schwingendem Haarschopf ihre Mantras. Handwerker, Arbeiter, Goldschmiede, Abschreiber, Aufseher und Neffen mütter- und väterlicherseits ließen ihn hochleben.

Der Neffe sagte: „Majestät, sehen Sie nur!"

Der König sprach: „Erstaunlich. Ganz schön laut ist es."

Der Neffe sagte: „Nicht nur laut ist es, dahinter steckt auch eine ganze Menge Sinn."

Der König ging zufrieden durchs Tor und wollte gerade den Elefanten besteigen, da sagte einer der Miesmacher, der sich im Gebüsch versteckt hatte: „Majestät, haben Sie eigentlich den Vogel gesehen?"

Da ging dem König ein Licht auf; er sprach: „O mein Gott! Daran habe ich nicht gedacht. Den Vogel habe ich nicht zu Gesicht bekommen."

Er kehrte um und sprach zum Pandit: „Ich muss sehen, nach welcher Methode ihr den Vogel unterrichtet."

Und er sah's. Sah's und war's zufrieden. Die Methode war so viel bedeutender, weil der Vogel selbst gar nicht zu sehen war; offensichtlich ging es auch so. Der König stellte fest, dass die Planung einwandfrei war. Im Käfig waren keine Körner und kein Wasser; dafür wurden aus Haufen von Handschriften Haufen von Blättern herausgerissen und dem Vogel mit der Federspitze in den Schnabel gestopft. Da war es aus mit dem Gesang, selbst der Spalt zum Schreien war versiegelt. Die Haare standen einem zu Berge bei diesem Anblick.

Als diesmal der König den Elefanten bestieg, befahl er dem obersten Ohrenverdreher, dem Miesmacher einmal so richtig die Ohren zu verdrehen.

6

Wie in gebildeten Kreisen üblich, kränkelte der Vogel von Tag zu Tag mehr. Grund für seine Betreuer, sich einige Hoffnungen zu machen. Dabei blickte der Vogel, wie es nun einmal seiner Natur war, dem Morgenlicht entgegen und flatterte ganz ungehörig mit den Flügeln. Gelegentlich beobachtete man ihn sogar bei dem Versuch, mit seinem verkümmerten Schnabel das Käfiggitter zu zerbeißen.

„So eine Unverschämtheit!", meinte der Polizeichef.

Und schon fand sich mit Schmelzofen, Hammer und Feuer ein Schmied im Erziehungspalast ein. Das war vielleicht ein pausenloses Gehämmer! Schnell war eine Eisenkette fertig und hatte man dem Vogel die Flügel gestutzt.

Die Schwäger des Königs verzogen den Mund, schüttelten den Kopf und meinten: „Nicht nur an gesundem Menschenverstand fehlt es den Vögeln in diesem Land, sondern auch an Dankbarkeit."

Dann inszenierten die Pandits – in der einen Hand den Federhalter, in der anderen den Rohrstock – eine Großveranstaltung, die sie Erziehung nannten.

Die Schmiedefrau behängte sich mit Goldschmuck, was den Erfolg ihres Mannes umso nachdrücklicher machte, und dem Polizeichef setzte der König zum Dank für seine Wachsamkeit einen Ehrensold aus.

Der Vogel starb. Keiner merkte, wann das geschah. Der Miesmacher, dieser Nestbeschmutzer, streute aus: „Umgebracht hat man den Vogel."

Der König ließ den Neffen rufen. „Neffe", sprach er, „was höre ich da?"

„Majestät", sagte der Neffe, „die Erziehung des Vogels ist abgeschlossen."

„Hüpft er noch herum?", fragte der König.

„Wie meinen Sie das, um Gottes willen?", sagte der Neffe.

„Kann er noch fliegen?"

„Nein."

„Kann er noch singen?"

„Nein."

„Kann er noch schreien, wo er doch keine Körner bekommen hat?"

„Nein."

„Bringt den Vogel mal her", sprach der König, „ich will ihn sehen."

Der Vogel erschien. Mit ihm der Polizeichef, dazu Fußvolk und Berittene. Der König drückte auf dem Vogel herum, der sagte weder ‚a' noch ‚o'. Nur in seinem Bauch hob ein Knistern und Rascheln an – das waren die ausgetrockneten Blätter aus den Handschriften.

Draußen regte sich von neuem der Frühling mit seinem Südwind. Die jungen Blüten seufzten und stimmten den Himmel über dem knospenden Wald ganz traurig.

1917

Morgens sitze ich beim Tee

Morgens sitze ich beim Tee, da steht er vor mir.

„Gibt's was Neues?", frag ich.

„Ja", sagt er.

Und dann, wie aus der Pistole geschossen: „Ich muss sofort los."

„Wohin?"

„Zum Vizekönig."

„Wie, der Vizekönig bittet dich zu sich?"

„Nein, das nicht, aber er täte gut daran."

„Wieso?"

„Dann würde er erfahren, dass ich ein größerer Meister im Fabrizieren von Neuigkeiten bin als die Leute, von denen er sonst damit versorgt wird. Du weißt doch, dass kein Raybahadur da mithalten kann mit mir."

„Ich weiß, aber über mich redest du zur Zeit allerhand Unsinn."

„Absurde Stories sind eben gefragt."

„Meinetwegen sollen sie absurd sein, aber ein bisschen Hand und Fuß sollten sie doch haben. Absurditäten auf Teufel komm raus bekommen schließlich auch Hinz und Kunz zustande."

„Gib mir mal ein Beispiel von dem, was du absurd nennst."

„Gut, hör zu –

Als Torhüter des Mohanbagan Vereins musste Herr Smritiratna im Spiel gegen Kalkutta nacheinander fünf Tore schlucken. Trotzdem verging ihm sein Hunger nicht, im Gegenteil, sein Magen begann zu knurren. Vor sich hatte er gerade das Ochterlony-Denkmal. Er leckte es vom Sockel bis zur Spitze ab. Badruddin Miya, der gerade in der Senate Hall beim Schuheflicken saß, kam ganz entsetzt angerannt. ‚Da sind Sie nun ein Schriftgelehrter', rief er, ‚und verunreinigen ein so bedeutendes Objekt!'

‚Schlimm, schlimm', setzte er hinzu, dann spuckte der Herr Miya dreimal das Denkmal an und eilte mit der Neuigkeit zur Statesman-Redaktion.

Plötzlich wurde Herrn Smritiratna bewusst, dass sein Mund unrein war. Er ging zum Pförtner des Museums. ‚Pareji', sagte er, ‚wir sind doch beides Brahmanen, ich habe eine Bitte.'

Pareji zwirbelte seinen Bart, salutierte und sagte: ‚Comment vous portez-vous, s'il vous plait?'

Der Herr Pandit dachte eine Weile nach. ‚Eine äußerst schwierige Frage', sagte er, ‚ich muss einen philosophischen Kommentar zu Rate ziehen; morgen kann ich sie beantworten. Zumal heute mein Mund unrein ist, ich hab doch das Denkmal abgeleckt.'

Pareji zündete sich mit einem Streichholz eine Zigarette aus Birma an. Er zog ein paarmal daran und sagte: ‚Dann sollten Sie gleich in Webster's Dictionary nachschlagen, was die Lösung ist.'

‚Da muss ich nach Bhatpara zu den Sanskritisten', sagte Smritiratna. ‚Das wird später erledigt; erst mal brauche ich deinen messingbeschlagenen Stock da.'

‚Warum?', fragte Pare. ‚Was wollen Sie damit, haben Sie etwa Kohlenstaub ins Auge bekommen?'

‚Wie hast du das erfahren?', fragte Smritiratna. ‚Das ist vorgestern passiert. Ich musste schleunigst nach Ultodingi zu Herrn Dr. Macartney, einem führenden Spezialisten für Leberschrumpfungen. Er ließ aus Narkeldanga ein Stemmeisen kommen und reinigte damit das Auge.'

‚Wozu brauchst du dann den Stock?', fragte Pareji.

‚Zum Zähneputzen', erwiderte der Herr Pandit.

‚Oh jetzt kapiere ich's', rief Pareji, ‚ich dachte schon, du willst womöglich mit einem Stäbchen in der Nase stochern und niesen; dann hätte man nämlich nochmal eine Reinigung mit Gangeswasser vornehmen müssen.'

An dieser Stelle griff er zur Wasserpfeife, zog ein paarmal daran und sagte: „Sieh mal einer an, mein Lieber, das ist also die Story, die du dir ausdenkst. Das ist, als wenn man nicht mit den Fingern schreibt, sondern mit Ganeshens Elefantenrüssel so richtig dick aufträgt. Bekanntes wird einfach umgeändert. Nichts leichter als das! Sagen wir, du behauptest, der Vizekönig hat erst einen Ölhandel angefangen und darauf im Bagbasar einen Stockfischladen aufgemacht – wenn die Leute über so einen billigen Witz lachen, was ist ihr Lachen dann schon wert?"

1937

Ich wollte sein: eine Landschaft

Ich wollte sein: eine Landschaft, die sich breit macht. Die erste Morgenstunde, am Ende des Magh ist der Wind nervös geworden, die alte Ulme ist plötzlich unruhig wie ein kleiner Junge, im Wasser des Flusses rumort es, auf dem festen Land die Baumgruppe sieht verschwommen aus. Hinter allem der offene Himmel; an diesem Himmel einen Weite, es scheint, als habe sich ein Gongschlag fern vom anderen Ufer in Luft aufgelöst, als habe er mit der Sonne vermengt seine Botschaft: Die Zeit geht dahin.

Santiniketan 1937

Zum Thema Kulturverlust

Heute beende ich mein achtzigstes Lebensjahr. Wenn ich auf die vielen Jahre, die nun hinter mir liegen, zurück blicke und sie aus einer klareren Perspektive betrachte, dann bin ich über die Veränderung bestürzt, die sich in meiner Haltung wie auch in der Psychologie meiner Landsleute vollzogen hat. Diese Veränderung ist tragisch.

Unser direkter Kontakt mit der weiten Welt der Menschheit entwuchs unserer historischen Verbindung zu den Engländern. Sie kamen mit einer bedeutenden literarischen Tradition zu uns, die ihr wahres Wesen offenbarte. Die Bildung, die wir in jenen Tagen erhielten, war mager und alles andere als facettenreich. Die Welt der Wissenschaft war noch außerhalb unserer Reichweite. Wir stützten uns stark auf die englische Literatur. Ihre Wertschätzung wurde ein Zeichen unserer Kultur. Endlos rezitierten wir Burkes Redegewandtheit und Macaulays rhetorische Formeln. Eifrig diskutierten wir Shakespeare und Byron und das humanistische politische Denken jener Zeit.

Sicher, wir waren bereits fest dazu entschlossen, unsere nationale Freiheit zu erlangen. Aber tief in unseren Herzen glaubten wir fest an den Liberalismus der Engländer – die Sieger selbst würden die Besiegten bestimmt auf den Pfad der Erlösung führen. Gewährte England nicht häufig politischen Flüchtlingen Asyl, Männern, die für ihr Land gekämpft und gelitten haben? Diesem Humanismus der Engländer erwiesen wir unseren aufrichtigen Respekt. In diesem Zusammenhang möchte ich hinzufügen, dass ich während meines ersten Aufenthalts in England in meiner frühen Jugend gelegentlich John Bright sowohl im Parlament als auch außerhalb gehört habe.

Sein großherziger Radikalismus, der frei von allem nationalistischen Vorurteil war, machte einen solch starken Eindruck auf mich, dass etwas davon in diesen Tagen der traurigen Enttäuschung immer noch nachklingt.

Die Abhängigkeit von dem Wohlwollen unserer Machthaber war nichts, das uns mit Stolz erfüllte. So lobenswert sie auch waren, wir hatten offene Augen, um Anzeichen menschlicher Güte in einer fremdländischen

Menschenart zu bemerken, und wir zögerten nicht, dem unsere Achtung zu bezeugen.

Die wertvollsten Güter der menschlichen Kultur können nicht das Monopol eines bestimmten Landes oder Volkes bleiben. Sie konstituieren auch nicht den geheimen Schatz eines Armen, der nicht an Wert verlieren darf. So bewirkt englische Literatur, aus der wir echte geistige Nahrung schöpften, sogar heute noch tief in uns eine Reaktion.

Es ist schwer, ein passendes Äquivalent für das englische Wort „civilization" im Bengalischen zu finden. Die Zivilisation unserer Frühzeit wurde von Manu „sadachar", rechtes Verhalten, genannt. Es bestand aus einer Reihe von Konventionen, die zum gesellschaftlichen Kodex wurden. Ein Gemeinwesen, oft ungerecht, oft tyrannisch, entstand auf Kosten der Gedankenfreiheit. Die Verhaltensgrundsätze, welche Manu vorlegte, festigten sich in einer altehrwürdigen Tradition.

In meiner Jugend regte sich im englisch gebildeten Teil unseres Volkes revolutionärer Widerstand gegen den starren gesellschaftlichen Kodex. Die bengalische Literatur dieser Zeit ist von zahlreichen Schilderungen aus jenen Tagen durchzogen. Wir begannen, verschiedene Prinzipien durch das Ideal von „Zivilisation", wie es in der englischen Bezeichnung repräsentiert und von der britischen Eigenart veranschaulicht wurde, zu akzeptieren.

In meinem Elternhaus wurde diese Veränderung, von Vernunftgründen unterstützt, herzlich begrüßt. Die Auswirkungen wurden sowohl in der Theorie als auch in der Praxis bald fühlbar. In solch eine Atmosphäre hineingeboren und von meiner Leidenschaft für Literatur ergriffen, sah ich die Engländer auf einem hohen Ehrenpodest.

Dieser frühe Abschnitt meines Lebens endete in einer erschütternden Entzauberung. Ich erkannte immer deutlicher, wie diejenigen, die sich zu den höchsten Kulturwerten bekannten, diese mit größter Leichtigkeit beiseite werfen konnten, sobald ihre nationalen Interessen auf dem Spiel standen.

Es kam der Moment, an dem ich der Beschäftigung mit Literatur für eine Weile entsagen musste. Der Anblick der schrecklichen Armut der indischen Massen wurde immer unerträglicher. Ich musste feststellen, dass die einfachsten Lebensbedürfnisse vielleicht in keinem anderen modernen Staat so sehr fehlen wie bei uns: Nahrungsmittel und Kleidung, Bildung und Gesundheitsleistungen. Und dennoch hatten die geplünderten Mittel dieses Landes Jahr für Jahr zum steigenden Reichtum der Engländer beigetragen.

Von der glanzvollen Seite der englischen Kultur hingerissen, hätte ich nie und nimmer erwartet, dass aus ihr eine solch grausame Verwerfung lange in Ehren gehaltener Werte kommen könnte. Letzten Endes wusste ich jedoch, dass diese Entstellung als Geste der Verachtung und Gleichgültigkeit einer zivilisierten Nation gegenüber unserem Volk zu verstehen war.

Diesem hilflosen Land wurde die Herrschaft über ihren eigenen Grund und Boden aberkannt, dank derer sich die Engländer selbst als Weltmacht brüsten konnten. Inzwischen hatte Japan in jenen Jahren seine Wirtschaft zum Florieren gebracht. Ich habe Japans wirtschaftlichen Aufschwung und seine nationale Erhebung mit eigenen Augen gesehen. Ich habe zudem die unermüdliche Energie gesehen, mit der die Russen versuchten, Krankheit und Analphabetismus, Ignoranz, Not und jedes äußerliche Zeichen von Schande aus ihrem Land zu vertreiben. Frei von Rassenvorurteilen verbreiteten die Sowjets in ihrem ganzen Land die Idee der menschlichen Kameradschaft. Die schnellen und überraschenden Fortschritte, die sie erzielten, machten mich zugleich glücklich und neidisch.

Ein ungewöhnlicher Aspekt im Leben der Sowjets hat mich in Moskau besonders beeindruckt: Die Verbindung gemeinsamer Interessen bewirkte eine gewaltige gemeinsame Anstrengung und verhütete, dass sich Unterschiede im Leben der Gemeinschaft zu politischen Konflikten entwickelten. Heute gibt es in der Welt zwei Großmächte, England und Russland, die eine große Anzahl von Nationen dominieren. Die Engländer haben die Menschlichkeit der von ihnen beherrschten Völker niedergetrampelt und behalten sie in einer dem Untergang geweihten Lage. Im Gegensatz dazu steht Sowjetrussland. Es hat enge politische Beziehungen zu zahlreichen muslimischen Gesellschaften in seinem Gebiet. Die Regierung arbeitet hart und unermüdlich für das Wohlergehen dieser Leute und versucht, die Interessen aller in Einklang zu bringen.

Ich habe auch den Iran gesehen, der lange zwischen den Mühlsteinen zweier europäischer Mächte eingezwängt war, heute aber bemüht ist, sein Schicksal selbst zu bestimmen. Während meines letzten Aufenthalts dort stellte ich zu meiner Freude fest, dass die Verehrer Zoroasters, einst der Mehrheit auf Gnade und Ungnade ausgeliefert, nicht mehr unterdrückt werden.

Das neue Leben des Irans begann zu dem Zeitpunkt, als er sich aus den Fesseln der europäischen Diplomatie befreite. Ich wünsche dem Iran von ganzem Herzen alles Gute.

Wenn wir uns nun unserem Nachbarn Afghanistan zuwenden, so finde ich, dass zwar noch viel in den Bereichen Bildung und Gesetzgebung getan werden muss, jedoch aber hoffnungsvolle Perspektiven zur Weiterentwicklung vorliegen. Denn bisher hat es noch keine europäische Macht geschafft, das Land der Afghanen in seinen Würgegriff zu bekommen.

Indien jedoch unterliegt träge und untätig der Last der britischen Herrschaft. Ich entsinne mich einer tragischen Geschichte eines anderen Landes mit einer großen und alten Kultur: China. Die Engländer berauschten das chinesische Volk mit Opium und fielen im Anschluss daran in ihr Gebiet ein. Die Erinnerung an diese Ereignisse war gerade halbwegs verblasst, als eine andere Katastrophe eintrat: Japan begann, sich Nordchina einzuverleiben. Dieser Raubüberfall wurde von englischen Staatsmännern in zynischer Weise als Nebensache abgetan. Später halfen diese hinterhältigen Staatsmänner dabei, die Republik Spanien zu vernichten.

Im Gegensatz dazu sah ich aber auch, wie eine Gruppe von tapferen Engländern ihr Leben im Kampf für die Freiheit Spaniens opferte. Gewiss hatte kein Engländer eine so vornehme Herzensregung gespürt, als ein asiatisches Land, China, in Gefahr war. Dennoch bewies das heldenhafte Selbstopfer für die Sache einer europäischen Republik den wahren englischen Geist, der mich in früheren Jahren entzückt hatte. Umso heftiger traf mich dieser Gegensatz, sodass ich diese traurige Geschichte erzählen muss, wie ich allmählich den Glauben an die westliche Kultur verlor.

Hier in Indien drückt sich das Unglück der zivilisierten Herrschaft offenbar nicht nur durch den schmerzlichen Mangel an den bloßen Lebensbedürfnissen aus – Nahrung, Kleidung, Bildung und medizinische Einrichtungen –, sondern noch kläglicher durch die Art und Weise, wie die Nation aufgespalten, in sich selbst geteilt ist. Um die Dinge noch schlimmer zu machen, gibt man ausschließlich unseren gesellschaftlichen Verhältnissen die Schuld an dieser elenden Sachlage, obgleich dieses Übel ohne heimliche Unterstützung der höchsten Verwaltungsebene niemals hätte Gestalt annehmen können.

Ich glaube nicht, dass wir Inder den Japanern auf intellektueller Ebene auf irgendeine Art und Weise unterlegen sind. Der stärkste Gegensatz im Schicksal dieser beiden östlichen Völker ist die Tatsache, dass Japan niemals unter Fremdherrschaft gelitten hat, während Indien der Gnade der Engländer ausgeliefert war. Tatsächlich wissen wir sehr genau, was man uns geraubt hat. Alles, was uns die sogenannte zivilisierte Herrschaft gebracht hat, ist Gesetz und Ordnung und der Apparat eines Polizeistaates. Der Geist der Freiheit ist der Entfaltung roher Gewalt gewichen. Dass man uns die wertvollsten Elemente menschlicher Beziehungen vorenthielt, hat uns den Weg zu Fortschritten vollständig blockiert.

Und dennoch hatte ich das Privileg, großherzigen Engländern von außerordentlicher Güte zu begegnen. Es ist ihnen zuzuschreiben, dass ich den Glauben an dieses Volk noch nicht völlig verloren habe. Da war zum Beispiel Andrews. Dieser Engländer wurde mir zum engen Freund, ein echter Christ und Gentleman. Heute, angesichts des nahenden Todes, stehen mir seine untadelige Selbstlosigkeit und sein entschlossener Großmut nur umso leuchtender vor Augen. Wir Inder sind Andrews für viel Liebe und Hingabe zum Dank verpflichtet. Ich persönlich bin ihm aus folgendem Grund besonders dankbar: Er half mir in meinen alten Tagen, etwas von der Hochachtung gegenüber dem englischen Volk wiederzugewinnen, die ich in meiner Jugend aufgrund ihrer Literatur hatte. Die Erinnerung an Andrews hält für mich den Glauben an den Edelmut im britischen Herzen aufrecht. Männer wie ihn zählte ich zu meinen engsten Freunden. Es war für mich eine wahre Bereicherung meines Lebens, solche Menschen kennenlernen zu dürfen. Sie werden auch die Ehre Englands vor dem Untergang retten. Wäre ich ihnen nicht begegnet, dann wäre meine Enttäuschung über die Völker des Westens sicher ins Unermessliche gestiegen.

Unterdessen schreitet das Gespenst einer neuen Grausamkeit mit einer Orgie des Terrors, zähnefletschend und mit nackten Krallen durch Europa. Vom einen Ende des Kontinents zum anderen verpestet die Leidenschaft zur Unterdrückung die Atmosphäre. Der Geist der Gewalt, der vielleicht in der Seele des Westens ruht, wurde wach gerufen und ist bereit, den Geist der Menschheit zu entweihen.

Wenn das Rad des Schicksals sich weiter dreht, wird England eines Tages gezwungen sein, sein indisches Imperium aufzugeben. Aber was für ein Indien werden sie zurück lassen? Welch entsetzliches Elend?

Wenn der Fluss ihrer zweihundertjährigen Herrschaft letztendlich ausgetrocknet ist, welcher Dreck und Unrat wird aufgedeckt werden und die Geschichte einer nutzlos vertanen Gelegenheit erzählen? Es gab eine Zeit, in der ich glaubte, dass die Entstehung einer wahren Kultur aus dem Herzen Europas kommen könnte. Heute, da ich dabei bin, mit der Welt abzuschließen, ist dieser Glaube ruiniert.

Ich lebe heute in der Hoffnung, dass ein Erlöser kommen wird und dass dieser in unserer Mitte geboren wird, in dieser von Armut geschändeten Hütte, die Indien genannt wird. Ich werde gespannt auf das Wort der Verheißung warten, auf das höchste Versprechen, das er den Menschen mit seinem östlichen Horizont gibt, um allen, die es hören, Glaube und Kraft zu geben.

Ich blicke zurück auf die vielen vergangenen Jahre und sehe die zerbröckelten Ruinen einer stolzen Kultur als Müllhaufen der Geschichte vor mir liegen. Und dennoch werde ich nicht die schwere Sünde begehen, das Vertrauen an die Menschheit zu verlieren und ihre gegenwärtige Niederlage als endgültig zu akzeptieren. Ich werde vorwärts blicken und auf einen Wendepunkt in der Geschichte warten, wenn die Sintflut vorbei ist und der Himmel wieder klar und heiter wird.

Vielleicht wird der neue Morgen in unserem Lande hereinbrechen, im Osten, wo die Sonne aufgeht. Und dann werden unbesiegte Menschen ihren Eroberungszug trotz aller Hindernisse wieder aufnehmen, um ihr verlorenes Erbe wieder zurückzugewinnen.

Die Stunde naht, dass offenbar wird, dass die Anmaßung der Macht voll von großen Gefahren ist. Diese Stunde wird die Wahrheit dessen bekräftigen, was die alten Sagen prophezeiten:

Adharmenaidhate tabat tato bhadrani pasyati
Tatah sapatnan jayati samulastu binasyati

Durch Ungerechtigkeit gewinnt der Mensch, was begehrenswert erscheint. Er besiegt seine Feinde, geht aber darüber selbst in seinem wahren Wesen zugrunde.

Dieser Aufsatz Tagores wurde bei der Feier seines 80. Geburtstags am 14. Mai 1941 in Santiniketan verlesen und als Druck an die Anwesenden verteilt. Er wurde von Anna Baumann aus dem Englischen ins Deutsche übersetzt.
Dieser Text, der als Tagores kulturelles Vermächtnis an die Nachwelt gilt, zeigt große Ähnlichkeiten mit dem von Paul Valéry verfassten „La crise de l'esprit" (ursprüngliche englische Fassung: Crisis of the Mind, 1919). Tagore, der dieses Buch in seiner Privatbibliothek besaß, machte darin zahlreiche Randbemerkungen. Offenkundig teilte er Valérys Besorgnis über die unheilstiftende Expansionslust der faschistischen Diktatoren in Europa in den 1930er und 1940er Jahren. Der rücksichtslose Einsatz ihrer Macht, um dem eurozentrischen Denkmodell Einfluss zu verschaffen, stimmte die beiden Dichter und Denker nachdenklich. Peter Sloterdijk hat sich in seinem 2002 erschienen Buch „Falls Europa erwacht" mit Valérys diesbezüglichem Standpunkt auseinandergesetzt. Anm. d. Hrsg.

II.

Alokeranjan Dasgupta
über Rabindranath Tagore

Mein Tagore

Versuch einer Neubewertung

Als mein Freund Lothar Lutze mich aufforderte, einen Monolog über *meinen* Tagore zu halten, war der erste spontane Gedanke, der mir durch den Kopf ging, die Sequenz einer solchen Aufgabe einfach umzukehren und über seine Rolle in meinem Leben zu sprechen. Denn hier geht es um einen Mann, der maßgeblichen Anteil daran hatte, das Muster meines Lebens zu modulieren, die Nische meines innersten Seins und Werdens zu formen. Hier ist eine Art Determinismus am Werke.

Während ich über meine Reaktion auf bestimmte, phänomenale Stimuli nachdachte, schien es mir oft, dass es Rabindranath Tagores charakteristische Art war, der Wirklichkeit zu begegnen, die mich unweigerlich beeinflusst hatte. Schlagartig wurde mir – mit einem Gefühl des Schauderns – bewusst, dass er alle Bereiche meines Lebens beeinflusste, wenn nicht sogar meinen Lebenslauf vereinnahmte.

Wer Tagore nicht kennt, könnte dies als eine Art Übergriff von Seiten Tagores bezeichnen – im Hinblick auf die Tatsache, dass er, wenngleich er auch einige biografische Stücke schrieb, die Form einer Lebensbeschreibung im Kontext der Kunst doch nie ganz ernst nahm. Denn er behauptete, ein wirkliches Gedicht transzendiere seinen Stoff, und er verglich ein Poem mit einem Tautropfen, der – ohne jegliche Rückerinnerung an seine Herkunft – Einzigartigkeit besitzt.

Tagores kritische Haltung gegenüber der üblichen Überbewertung seiner *Vita* ermutigt uns heute, hier in Darmstadt – wo paradoxerweise vor 71 Jahren seine Kunst von seiner legendären Persönlichkeit völlig in den Schatten gestellt wurde – den Versuch einer Neubewertung zu unternehmen.

Wie die meisten Menschen Darmstadts während der Tagore-Woche 1921 geradezu mesmeriert waren, wurde ich selbst während meiner Kindheitstage in seinem Ashram, Santiniketan, ein verletzbares Opfer der Legende des Propheten, genannt Tagore, und räumte damals seinem kreativen Schaffen vielleicht nur den zweiten Rang ein. Als ich vor kurzem Holger

Pauschs literarische Biographie über Paul Celan las, einen Dichter, der heute – als Dichter – eine größere Bedeutung in meinem Leben erlangt hat als Tagore, stieß ich auf die lakonischen Anmerkungen des Autors über Biographisches, Sekundäres. Offenbar ist diese – geringschätzige – Beurteilung des Biographischen mit Tagores diesbezüglicher Einstellung vergleichbar. Als ich dann aber zwischen den Zeilen las, fand ich, dass der Autor dies tat, weil die meisten Fakten über Paul Celans Leben unwiederbringlich verloren gegangen sind. Das war der Grund, der ihn veranlasste, sich ausschließlich auf seine Dichtung, die sich wie Hieroglyphen liest, zu konzentrieren. Anders bei Goethe und Tagore. Jahrbücher wie: *Mit Goethe durchs Jahr* werden stets revidiert, um jeden Augenblick seines illustren Lebens festzuhalten. Ähnlich beschäftigen Hunderte von bio-bibliographischen Annalen über Tagore – damals wie heute – die Druckerpressen, so dass wir jede Begebenheit seines Lebens beinahe auswendig wissen. An und für sich ist das kein Fehler. Etwas aber wird hier vorsätzlich missverstanden: Viele der sublimierenden und stilisierenden Ingredienzen werden in einen Topf geworfen, um ihn größer erscheinen zu lassen, als er war. Lange zuvor lehrte uns Keats, dass menschliche Größe als solche nichts mit Dichtkunst zu tun habe. Bengalische Tagore-Biographien irritieren mich jedoch immer wieder durch ihre peinliche Tendenz, den ansonsten großen Mann durch einen allegorischen Überbau zu glorifizieren. Auf diese Weise bagatellisieren sie die Größe seiner Dichtung.

Die Tagore-Euphorie in Europa und anderswo, wurde – sowohl von Stephan Zweig, wie auch kürzlich von William Radice – zutreffend als *Idolatrie* und *Bardolatrie* angeprangert.

Als Kind fiel ich nur allzu leicht dieser Art prismatischer Rezeption zum Opfer. Als 8-jähriger Junge konnte ich aus unserer Wohnung in Süd-Kalkutta einen Blick auf den endlosen Trauerzug mit dem Leichnam Tagores werfen. Ich weinte bitterlich und fühlte mich gedrängt, meine elegische Reaktion in einem Gedicht festzuhalten. Am nächsten Morgen musste ich dann beschämt feststellen, dass die meisten bengalischen Zeitungen den Trauerzug in blumigen Diktionen beschrieben. Ich zerriss mein prosaisches Gedicht über den Tod eines Dichters.

Das war 1941: in dem Jahr, in dem Rabindranath Tagore, James Joyce und Virginia Woolf starben. In späteren Jahren bedeuteten mir die beiden anderen Namen viel, und es ist als reiner Verehrungsakt zu sehen, dass ich die göttliche Hierarchie außer Acht ließ, die Tagore einen höheren Rang vor den beiden anderen einräumte. Das hätte in jenen Tagen als ungeheuerliches

Sakrileg gegolten. Ich konnte von Glück sagen, dass ich Tagore nicht zu seinen Lebzeiten erfahren hatte. In diesem Falle wäre es denkbar gewesen, dass ich ihm völlig ausgeliefert gewesen wäre, ohne jegliche Konturen meines eigenen Selbst – wie viel kleiner meine Dimensionen, verglichen mit den seinen, auch sein mochten.

Es war im Jahre 1946, als ich zum ersten Mal nach Santiniketan kam und sofort als Schüler der Pathabhavan – der 6. Klasse – zugelassen wurde, ohne irgendeinen starren Auswahltest bestehen zu müssen. Diese Liberalität war ganz nach Tagores Prinzipien, die jungen Menschen die Türen öffneten, um ihnen die Chance zu geben, sich selbst zu entfalten, inmitten einer Naturumgebung und ohne jeglichen Examensstress und strenge Zensuren.

Der erste Text, mit dem uns unser Geschichtslehrer bekannt machte, stammte von Tagore und übte auf uns die Wirkung einer Zauberformel, einer Beschwörung, aus:

Der Mensch ist zügellos. Als er in den Wäldern hauste, bestand zwischen ihm und der Natur eine harmonische Wechselbeziehung. Als er aber zum Stadtbewohner wurde, verlor er jedes Gefühl für den Wald. Der Mensch fällte den Baum, den ihm einst Gottes Gastfreundschaft geschenkt hatte, um sein Stadthaus aus Holz und Ziegeln zu errichten. …

Jetzt aber ist der Wald gestorben. Und eine große Gefahr ist im Anzug. Dieses Problem besteht nicht nur in Indien. Überall auf der Welt ist es heute schwieriger geworden, die Waldschätze vor der Gier der Menschen zu beschützen. In den Vereinigten Staaten von Amerika wurden riesige Waldgebiete einfach gerodet. Deswegen gibt es dort Sandstürme, die den Ackerbau schädigen und unter sich begraben. …

Wir waren einfach fasziniert vom Zauber der bengalischen Prosa, ohne zu bemerken, dass dies eigentlich unsere erste Ökologie-Lektion war, die heute so unverzichtbar aktuell ist. Gleich am ersten Abend wurden wir zu der *grande dame*, Indira Devi Chaudhurani, geleitet, um in *Rabindrasangit*, d.h. in die von Tagore komponierten Lieder, eingeführt zu werden. Indira war eine Nichte Tagores und galt als Schlüsselperson zu Tagore.

Vielleicht war es eine rein zufällige Korrelation, dass sie damals das Lied *amara parana loye ki khela khelabe / ogo paranapriya* sang, das Tagore 1921 auch in Darmstadt gesungen hatte.

Es wäre ein seltsamer Vorsatz, ein Tagore-Lied aus der bengalischen Sprache selbst ins Bengalische übertragen zu wollen. Ich würde das nicht versuchen. Sollte die Bedeutung jenes Refrains irgendwie paraphrasiert werden, könnte es folgendermaßen sein:

Was für ein Spiel treibst du mit mir,
du Gebieter meines Lebens?

Seit ich dieser Botschaft zum ersten Mal verfallen war, ging sie mir – so muss ich hier in aller Offenheit bekennen – nicht mehr aus dem Kopf. Und das war der Anfang eines Rendezvous mit meiner Bestimmung. Denn seit dieser Zeit erscheint mir Tagore als eine Art entscheidendes, wenngleich beschwörendes Wesen, welches in mir und meiner poetischen Intention ein Chaos anrichtete.

Während einer der ersten einführenden Lektionen in das Sanskrit erklärte uns Nityananda Vinod Goswami, unser stets geistesabwesender Lehrer, den Begriff *bhakti*. Er wiederholte damals, dass *bhakti* nicht gedankenlose Unterordnung der Anhänger bedeute. Was es wirklich ausdrückt, ist das Aufspalten des einen in zwei Komponenten – und dass es die spielerische Dialektik zwischen diesen beiden Entitäten sei, auf die es in *bhakti* wirklich ankomme.

Später fand ich dann eine Entsprechung der Dualität Liebe – Verehrung auch in der Mystik des St. Johannes vom Kreuze. Damals aber wusste ich nichts davon und hielt es für angemessen, meinen Willen im Geiste völliger Hingabe Tagore unterzuordnen. Eine Trennung zwischen dem Osten und dem Westen gab es einfach nicht. Das Motto des *Visvabharati Ashram,* in dem ich gelandet war, ist *Yatra visvam bhabatyekanidam* („Wo die Welt zu einem einzigen Nest wird"). Diese Welt-Vision wurde hier ganz deutlich, ich war frei wie ein flüchtiger Vogel, dem ein Visum in einem Zufluchtsort, der sich Ashram nannte, erteilt wurde. So konnte ich meinen selbststilisierten Flug selbst bestimmen. Doch fand ich mich in dieser Freiheit gefangen. Im Deutschen gibt es ein wunderbares Wort, *Spielraum.* Ich hatte diesen Freiraum, und doch muss ich zugeben, dass ich nicht in der Lage war, meine eigene Wahl zu treffen. Die Atmosphäre der Einsiedelei war durch die frischen Erinnerungen an Tagore geprägt. Selbst sein kürzlicher Tod schien verlockend und beschwor uns dennoch zu äußerstem Gleichklang mit dem allumfassenden und alles in Frage stellenden Geist Tagores. Das Ergebnis war, dass ich mich ihm in die Hände gab und mich damit seinen auf mich hermetisch wirkenden Texten auslieferte. Dabei hatte ich ziemlich häufig ein schlechtes Gewissen, wenn ich – empirisch gesehen – nicht mit ihnen übereinstimmte. Ich fühlte mich schuldig, wenn ich einen Gedanken hatte, der nicht mit dem übereinstimmte, wie Tagore ihn artikuliert hätte. Er wurde mein Richter im alttestamentlichen Sinne des Wortes, der mich plötzlich auslöschen würde, wiche ich ab von seinem Weg, die Dinge in die richtige Ordnung zu setzen.

Eigene Gefühle zu intonieren, auf ganz bestimmte, präzise Art, das war das Ambiente von Santiniketan. Und das bedeutete mir viel. Zurückblickend muss ich bekennen, dass ich hierdurch etwas lernte, das bis heute eine Art Richtschnur für mich blieb. Das Bengali-Wort für mein damaliges Gefühl ist *vani,* was „eine Botschaft" bedeutet, aber auch mitbezeichnend für einen Text aus semiotischem Gewebe steht. Es war während eines bedeutungsvollen Zeitpunkts, dass Mahatma Gandhi nach Tagores Tod die Verantwortung für Santiniketan übernommen hatte. Dies war seine letzte Reise zu diesem Ashram – der so weitaus komplizierter war als seine eigenen linearen Sabarmati- und Sevagram-Ashrams –, bevor er von einem Hindu-Fanatiker niedergeschossen und getötet wurde. Gandhi erzählte uns, während er mit uns spielte, an einem Nachmittag in reinem Bengali: *amar jivan amar bani,* d.h. „Mein Leben ist meine Botschaft." Ich war recht übermütig und entgegnete: *Tagorer bani-i amar jivan,* d.h. „Tagores Worte sind ausschlaggebend für mein Leben." Zweifellos verstand Gandhiji den Gesamtzusammenhang nicht völlig. Damals verlangte er von uns ferner für jedes Autogramm fünf Rupien für seinen Ashram, was ich auch im Namen meiner Mitschüler entschieden ablehnte, ohne mich jedoch vorher mit ihnen abgesprochen zu haben. Der ausschlaggebende Punkt liegt hier darin, dass ich mich bei meinem frevlerischen Protest einfach an Tagore hielt, der an die biblische Autorität glaubte: „Am Anfang war das Wort." Es war, so dachte ich, eine Art poetische Lektion, die ich Gandhiji hier erteilte. In Wirklichkeit aber war ich recht stolz darauf, dies getan zu haben. Selbst heute bin ich von der Tatsache überzeugt, dass für Tagore das Wort – gesprochen oder geschrieben – von äußerster Bedeutung war, woraus das Phänomen Leben entstehen kann.

Dies war die Zeit, in der ich mich dem Marxismus zuwandte. Ein marxistischer Guru aus Kalkutta kam nach Santiniketan, und wir waren bereit, uns von ihm konvertieren zu lassen. Amartya Kumar Sen, jetzt ein Ökonom von Weltruf, und Tanlee, ein chinesischer Freund, der nie mit dem Gedanken spielte, Maoist zu werden, standen mir bei diesem ikonoklastischen Prozess bei.

Während dieser Zeit war die Kommunistische Partei Indiens dabei, sich in den Untergrund zu begeben, und wir drei Jugendlichen hatten immensen Spaß daran, die – gegen die kürzlich erlangte sogenannte Unabhängigkeit Indiens gerichteten – aufwiegelnden Traktate unter den Mühlenarbeitern von Bolpur in Umlauf zu bringen. Für unsere Abenteuer suchten wir Verstecke in den nahgelegenen Dörfern des Distrikts Birbhum.

Damals wurde Majakowski zu meinem bevorzugten Autor, nicht etwa Tagore. Dies war der erste Ansatz, mich zu ent-tagorisieren. Ich sah mich nicht länger als Produkt oder Nebenprodukt Santiniketans. Diese verwirrende Erkenntnis gewann ich, während ich mein Äußerstes versuchte, dem Establishment, genannt Tagore, aus dem Wege zu gehen. Fast alle älteren Bengali-Autoren der 1930er Jahre, die versucht hatten, ihre eigene solipsistische Modernität zu behaupten, indem sie Tagore verunglimpften, kehrten letztendlich zurück, um in Tagore ihren Rückhalt zu suchen.

Ihre schnelle Rückkehr zum Ankerplatz des alten Barden überzeugte mich irgendwie, wenngleich widerstrebend, weiterhin in Santiniketan zu bleiben. Es war an einem solchen Punkt, dass ich in die allegorische Welt der Dramen Tagores eindrang. Darin lag ein Element der Ironie.

Wir waren seit langem der Fesseln der Ritualisierung, deren Anfänge in Santiniketan zu erkennen waren, müde und nannten es bereits *Achalayatan* (Die ausgediente Einsiedelei) – nach dem Titel des Stückes, das während der *Gitanjali*-Phase (1910-1914) entstanden war.

Eines Tages wollte Hirendranath Datta, unser Englischlehrer, der durch seine Übersetzung von *Lady Chatterley's Lover* in Verruf geraten war, dieses Stück aufführen. Subhadra, die Nebenfigur, ein harmloser junger Rebell in diesem Drama, wird von den Ashramiten gezwungen, sich eine lange Zeit der Buße und Reue aufzuerlegen, weil er das verbotene nördliche Fenster geöffnet hatte.

Keiner meiner Freunde wollte diese Rolle übernehmen, da niemand für ein Verbrechen büßen wollte, das keines war.

Schließlich erklärte ich mich bereit, diesen Part zu spielen, versagte bei der Probe aber kläglich, da ich an gegebener Stelle einfach zu weinen vergaß. Ich lernte meinen Text wie eine mechanische Puppe mit einer Präzision, die Hirendranath ärgerte. Er überredete mich sogar, hie und da eine Phrase auszulassen und flehte mich geradezu an, meine Trauer durch spontane Tränen zu zeigen, was mir bei der Aufführung dann auch gelang.

Noch immer erinnere ich mich mit Nostalgie daran, wie Hirendranath mir in der Pause gratulierte und mich umarmte. Ich aber weinte noch immer bitterlich.

Ich mag Anekdoten nicht und fühle dennoch, dass dieses Beispiel den Aspekt der kathartischen Befreiung in Tagores Dramen beweist.

Zufällig geriet damals eine Kopie von Edward Thompsons Tagore-Studie mit den Randbemerkungen Tagores in meine Hände. Thompson hatte festgestellt: „Tagores Stücke sind Medien der Ideen und nicht Handlung." Das kommentierte Tagore so: „Welch ein stupides Beispiel, gegen Windmühlen anzukämpfen."

Ich bin überzeugt, dass Tagores Bemerkungen völlig gerechtfertigt sind. *Kaler Jatra* (Die Reise der Zeit), geschrieben nach dem Besuch des Dichters in Russland, ist voller Handlung, ohne je den Eindruck zu erwecken, dass dieses Stück aus der Feder eines Dichters stammt, dem Worte nahezu alles bedeuteten. Andererseits lassen die Produktionen der berühmten Theatergruppe *Bohurupi* von *Raktakarabi* (Roter Oleander), eines symbolischen, gegen die Auswüchse des Kapitalismus gerichteten Stückes, deutlich erkennen, dass Tagores Worte, richtig betrachtet, von Handlung geradezu pulsierend, Bewegung auslösen. Das Problem entsteht, wenn der Dichter-und-Dramatiker vom *Hermetischen* zum *Hermeneutischen* überwechselt und durch Zerreden die Zone zwischen Gesprochenem und Dargestelltem beeinträchtigt. Es ist die Aufgabe der heutigen Dramaturgie, diese Passagen gnadenlos zu beschneiden, so dass die Suggestibilität der Absicht erkennbar wird.

Ich bin froh, dass der Dramaturg-Dramatiker Wolfram Mehring bei seiner Kalkutta-Produktion von *Dakghar* (Das Postamt), selbst die aussagekräftigste Äußerung: *Chup karo abiswasi, katha koyona* (Halt den Mund, Ungläubiger, kein Wort mehr!), ursprünglich vom Großvater mit erhobenem Zeigefinger gesprochen, heraus strich. Derart erklärende Äußerungen haben Maurice Maeterlinck, der ein Jahr vor Tagore den Nobelpreis erhielt, aus heutiger Sicht irrelevant gemacht.

Kritiker, die beide Autoren in einem Atemzug nennen, haben die Tatsache vergessen, dass Tagore den Bühnen seine dramatischen Texte häufig in verschiedenen Fassungen anbot, um ihnen die Möglichkeit zu geben, ihre eigenen Variationen auf der Bühne darzustellen.

Wenn Tagore – wie Yeats – seine Bühne betrat und mit den Schauspielern diskutierte, so geschah dies nicht als *deus ex machina*, sondern aus dem Geist des Involviertseins. Und das ist die Erklärung dafür, dass – mag auch seine periodische Anwesenheit gelegentlich die Aura des Familienoberhaupts vorspiegeln – seine eigene Identifizierung mit seinen Figuren, den Kriminellen wie den Vergeistigten, doch möglich ist. Tagore fordert von uns dieses Bemühen um Identifikation. Und damit hat er Erfolg bei den Liedern seiner Stücke mit denen, wie er sagt, „sich Türen öffnen."

Diese Lieder dienen in seinen Stücken zwei Dingen. Erstens: Sie sind wie Bojen auf der Bestimmungsreise der Charaktere, indem sie aufschlussreiche Hinweise geben, wenn Rede und Handlung überflüssig werden. Zweitens: sie bieten eine Erholungspause inmitten der verwirrenden Dichte menschlichen Seins. Sie helfen den Figuren, sich zu einer mysteriösen Reise aufzumachen, was auch beinhaltet, dass der Mensch nicht nur eine Kreatur der Kausalität des Zeit-Raum-Kontinuums ist.

Sich mit einer gegebenen Situation zu identifizieren, um sie dann hinter sich zu lassen – das sind die Funktionen der Tagore-Lieder. Sind diese Erfordernisse erfüllt, werden die Lieder – frisch von der Bühne weg – Dauerbestandteil der Bengali-sprechenden Menschen. Tagores Behauptung, dass, sollten auch seine schöpferischen Unternehmungen anderer Genre nicht überdauern, so würden doch seine Lieder der Nachkommenschaft bleiben, scheint mir nicht zu hoch gegriffen. Denn durch seine Lieder wird er – in allen Lebenslagen – zum intimsten Wortführer des bengalischen Volkes. Beginnen sich die Monsunwolken zu sammeln, werden sie die *Miya ki mallar* nicht nach dem klassischen *Raga*-Modus anstimmen, sondern sich in die Rabindrischen Lied-Sequenzen dieses Ragas flüchten, in denen der Dichter deren bunte Variationen aneinanderfügte.

Ein Dichter meiner Generation, Sankha Ghosh, konfessionslos, würde beim Ableben eines lieben Freundes Trost in dem dreifachen Totalitätsmuster des Rabindrasangit, gegründet auf *Prakriti* (Natur), *Puja* (Verehrung) und *Prem* (Liebe) suchen und diese Lieder als Gedichte rezitieren. Obschon Rilke Tagore beneidete, hatte er Freude daran, „die Lieder des Inders" zu lesen, d.h., die von Tagore geschriebenen Lieder. Dabei ließ Rilke die Tatsache außer Acht, dass diese gleichzeitig vom Verfasser selbst komponiert waren. Hier, an dieser Stelle, bleibt mir nichts übrig, als mich zu wundern, dass Heine ungefähr 350 Lieder schrieb, diese dennoch irgendwie unvollkommen blieben, bis ein Schumann oder Silcher einige davon vertonte, wohingegen Rabindranath Tagore, der bedeutendste Heine-Übersetzer in die bengalische Sprache, mindestens 2500 Lieder schrieb und komponierte. In Bengalen werden die Menschen es niemals überdrüssig, diese unzähligen Nischen des weitläufigen Gebäudes seiner Musik zu durchwandern, wobei sie jedoch oftmals die intrinsische Kunst dieser Lieder nicht bemerken. Sie bringen all ihre Stimmungen zum Ausdruck und nähren dabei eine besondere Art *Aphasie*. Adäquat aber synchronisieren diese Lieder auch ihr Schweigen. Weiterhin lindern, heilen sie ihr Elend, ihre Gebrechen, ihre Qualen. Dieser therapeutische Gebrauch der Rabindra-Songs würdigt sie andererseits sicher etwas herab.

Ihre vielseitige Anwendbarkeit hat sie gelegentlich von ihrem Sockel gestürzt. Was ich darum jetzt versuche, ist, diesen Liedern mit Brechtschem Losgelöstsein und Verfremdung zu begegnen, ohne jegliche therapeutische Motivation.

Sollten diese Texte nicht als Integralsegment des Gesamtkunstwerkes behandelt werden, wie Wagner es bezeichnet haben würde? Integrierte der Dichter sie nicht ebenso wie seine Fiktion in Oper und Tanzdrama – als eine Art untrennbarer Atmosphäre? Sie aus dieser Totalität zum privaten oder kollektiven Gebrauch heraus zu reißen, bedeutete unwiderruflich eine Verfälschung seines Vermächtnisses und gäbe der Entstehung einer monopolisierenden Vendetta Vorschub.

Und genau das geschah und geschieht, nachdem die bengalische Kultur geo-politisch geteilt wurde. Ein Beispiel hier: Während Tagore den Besitz seiner Vorfahren in Selaidaha – jetzt in Bangladesch gelegen – verwaltete, hatte er engen Kontakt mit der Dorfbevölkerung und schrieb – daraus resultierend – eine Anzahl wunderbarer Kurzerzählungen.

Tagores pompöse Geburtstagsfeier im Mai 1990 in Selaidaha war Anlass zu erheblichen Meinungsverschiedenheiten. Ein wichtiger Kritiker aus Bangladesh war der Meinung: „Der Aufenthalt des Dichters in Selaidaha erbrachte eine reiche Ernte an Kurzerzählungen. Die Atmosphäre hier inspirierte ihn zu profiliertem Schreiben, während seines hiesigen Aufenthaltes entstanden nicht weniger als 57 Erzählungen. Sobald er in die öde, wellenförmig verlaufende Ebene von Birbhum/Westbengalen übersiedelte, verebbte seine Kreativität ..." Wie außerordentlich zutreffend und doch einseitig ist diese Sicht. Bei meiner endgültigen Rückkehr von Santiniketan nach Kalkutta im Jahre 1949 hatte ich ein gutes Gefühl, jetzt eine topographische Distanz zwischen Selaidaha und Santiniketan zurückzulegen. Oder mit anderen Worten, ich war hin- und hergerissen zwischen diesen beiden Zentren des kreativen Schaffens Tagores und konnte, während ich mich zu den weiblichen Charakteren jener Kurzerzählungen hingezogen fühlte, die Dimension der Komplexität der urbanen Figuren, die Tagore während seines Aufenthaltes in Kalkutta, dem dritten Sitz seiner kreativen Vitalität skizzierte, ausloten.

Es war hier, dass Tagore von den seinerzeit gültigen Normen abwich und in das „roaring 20th century" eindrang. Virginia Woolf beobachtete, dass sich um 1910 die menschliche Natur veränderte – so änderte sich auch Tagore, zumindest in seiner psychologischen Fiktion. Tagore war einer der ersten indischen Leser von Freuds *Traumdeutung* und schuf in seinem Roman *Chaturanga* (Vier Teile, 1916) Sachish, eine männliche Figur nach den Gesichtspunkten des Triebhaft-Libidinösen der Freudschen Psychologie. Dieser Charakter findet keine Ruhe in einer endgültigen Position.

Auch sein weiblicher Gegenpart, Damini, ist nicht länger die Personifikation der archetypischen Perfektion, des lebensbestätigenden Prinzips, wie Tagore sie haben wollte. Diese Frau entwindet sich den kontrollierenden Tentakeln ihres Schöpfers, einem Wächter des Ethos in seinen Reden über Religion, Philosophie und Gesellschaft. Sie steht in einem Niemandsland und bewegt sich somit fort vom Tagoreschen Zentrum der wohlwollenden Gravitation:

Wo es keinerlei Antwort oder Ruf auf einem so grenzenlosen und kalkweißen Boden gibt. (…) Damini stand wie angewurzelt. Hier wurde alles ausgelöscht, um das ursprüngliche Weiß wiederherzustellen. Nur ein großes 'NEIN' lungert zu ihren Füßen.

Jetzt verstehen wir, wie vage Romain Rollands Aussage ist, wenn er sagt, dass Tagore vor allem zurückschreckte, was irgendwie NEIN andeutete.

Es ist auf diesen Trugschluss zurückzuführen, der Tagore als größeren Normenmacher heraus stellte, als er es wirklich war. Somit mussten die meisten Übersetzungen von Tagore-Literatur in Europa scheitern. So wird z.B. die Gedichtesammlung *Gitanjali*, die keinen Stempel irgendeiner institutionellen Gottheit trägt, in Deutsch zum Lied-Opfer oder zur „Weihgabe in Liedern". Folglich lässt die schwedische Version den bereits transplantierten *Gardener* (1913), *Örtagardsmästaren* (1914), zu Jesus von Nazareth werden, der nach seiner Auferstehung den Frauen als Gärtner erschienen ist. Das ist auch der Grund, weshalb die sensitive Psyche Andre Gides die säkularen Zeilen von *Gitanjali* „Während du in meinen hypnotisierten Ohren wohnst, möchtest du deine eigene Musik genießen" mit einem *parvis* umgibt, was im Französischen den Vorplatz einer Kathedrale bedeutet.

Sollte eine Übersetzung nicht eine Herausforderung sein, die kulturelle Matrix des Originals neu zu erfahren, in der der Autor ständig zwischen seinen monistischen Ressourcen und multiplen Wesen oszilliert? Genau das geschah in der letzten Dekade des dichterischen Schaffens Tagores, in welcher der Autor seine eigene Weltanschauung überschreitet und ein anderer wird, nach dem Modus Phoebus-Apollo, dem Gott der Dichtkunst, der die Rohmaterialien von irgendwoher jenseits des bewussten Denkens sammelt. Auch für mich, als Bengale, war es nie leicht, diese Disposition zu verstehen:

dieses Verlangen des Dichters, seinen eigenen etablierten Nexus zu verlassen und einzudringen in die nicht einzustufende Stimme des kollektiven Unbewussten. Bei der Vorbereitung der Anthologie *Der andere Tagore* war ich glücklich, dass Lothar Lutze und ich gemeinsam die Gedichte eines zwischen dem einen und dem anderen rätselhaft gefangenen Dichters auswählten. Ich war verantwortlich für Tagore, den Unwandelbaren, Unveränderlichen, der niemals aufgeben würde und stets im Einklang mit seinem ausgewogenen Universum zu bleiben versuchte, wohingegen Lothar Lutze, der andere und der unvoreingenommene Übersetzer, dem anderen Tagore, dem Wandelbaren, den Vorzug gab, dem Tagore, der sich unbewusst von seiner wohldefinierten Persönlichkeit entfernte. Es war während dieses Zwiespalts – diesem Abwägen, dass wir beide die Größe Tagores entdeckten, die zugleich jenseitig und profan war. Der Tagore-Wissenschaftler Alex Aronson prüfte diese beiden Aspekte, als er besonders die Zusammenfügung der Welten – vergleichbar jenen Hölderlins und Paul Celans – erkannte und hinzufügte, dass diese immense Spannweite bei Tagore inhärent sei.

Für mich ist es jetzt wesentlich, aus dem immensen Kontingent kreativen Schaffens dieses produktiven Autors die quintessentiellen Stücke Tagores auszusuchen. Dabei bevorzuge ich jene Werke, in denen er seiner Kreativität freien Lauf lässt. Nicht, dass ich seine Schriften und Abhandlungen über religiöse, politische, philosophische und pädagogische Themen nicht lese. Tatsache ist, dass ich viel daraus lerne und ihre äußerste Relevanz in unserer verwirrten Nach-Golfkriegs-Welt finde. Doch macht es mir viel mehr Freude, wenn er sich, indem er für Sterblichkeit kandidiert, seiner unerreichbaren Attribute beraubt ist und spielerisch schafft.

Diese beiden Formen des Selbst, das Instruktive und das Spielerische, sind organisch in ihm. So ersetzt er ganz nach Belieben das eine durch das andere, wechselt sie gegenseitig aus. Er selbst nennt das in seiner *Atmaparichay (eigene Identität)* betitelten Autobiographie paradoxerweise die Einheit der eigenen Gegensätze. Wenn er jetzt – in einer diskursiven Prosa – zum optimistischen Pfadfinder wird, verliert er im nächsten Augenblick spontan seine Richtung in seinem Vers-Buch und wird wertfrei.

Meine Sympathie gilt dem Letzteren. Meine Freunde warnen mich, wenn ich in seiner Prosa-Fantasie *Sey* (Er) schwelge, die er vier Jahre vor seinem Tod schrieb. Sie erinnert mich an Kafkas ER, eine exquisite Aphorismensammlung, und dennoch finde ich Tagores *Sey* kafkaesker in seinem rudimentären Eintauchen in die Tiefen des Unterbewussten, wo er „sie" wird und dennoch „es", und schließlich das egoistische Sublime der ersten Person verwischt.

Das führt mich zu Tagores Malereien, die sich (zwischen 1928 und 1940 entstanden) auf ca. 2000 Bilder belaufen und, soweit es die Anzahl betrifft, mit seinen Liedern wetteifern. Über den Anfang mit zögernden Kalligraphien und Kritzeleien, flüchtigen, asymmetrischen Experimenten ging er zu kräftigen Farben über. Hier entstand eine andere Welt voller elementar vermischter Entitäten, wo undurchdringliche Dunkelheit vorherrscht.

Darin wird die Entschiedenheit zum Zweifel, ein alter Mann zur Frau, eine Frau zum Tier. Dabei riskiert der Dichter als Maler Unbehagen bei jenen, die ihn als Gurudeva verehren. Und hier entblößt sich der König ästhetischer Werte allem majestätischen Drum und Dran und manifestiert seinen Genius als Mit-Sterblicher und nicht als Super-Nova.

Maler, dann auch Musiker, vor allem aber Autor – Poet, Dramatiker, Denker –, stets bereit, seiner eigenen Meinung zu widersprechen: mein Tagore, der Tagore, den ich von Jugend an während meines Lebens erfahre, umspannt die ganze Weite an Genre und Stoff. Ein fruchtbarer Geist, der sich mit Einfühlsamkeit und Sicherheit in einem gefährlichen Balanceakt auf dem Höhengrad der Sensibilität bewegen kann und dennoch bereitwillig in den Abgrund springt. Weder Heiliger noch Guru: Er bleibt für mich sowohl eine künstlerische als auch eine menschliche Herausforderung.

Überarbeitete Fassung einer Rede von Alokeranjan Dasgupta auf dem Tagore-Symposium, das im Rahmen der Indienfestspiele im April 1992 in Darmstadt stattfand.

Santiniketan

Die Schule eines Schulschwänzers

Die roterdige Dorfstraße zieht mich an.
Wem streckt sie ihre Arme entgegen
und gibt sich dann immer wieder dem Staube hin?
Sie lockt mich aus meinem Hause,
umfasst mich bei jedem Schritt –
entführt mich jählings, ich weiß nicht wohin.
An welcher Biegung wird sie mir ein Geheimnis zeigen?
Wo wird das alles enden?
Ich bin ihr verfallen!

Mit diesem Text besingt Rabindranath Tagore seine Idylle, Santiniketan, etwa 160 Kilometer von Kalkutta entfernt, inmitten einer hügeligen, von Pflugscharen noch unberührten Landschaft gelegen. Hier und da finden sich namenlose Büsche, wilde Brombeersträucher und ein paar andere stachelige Pflanzen.

Nicht weit vom Dorf eine Palmenallee, Schildwachen gleich in Positur gestellt, um die gleißende Oberfläche des stahlblauen Wassers, angesammelt in einer Bodensenke, zu beschützen.

Plötzlich springt die roterdige Straße, die der Dichter beschreibt, ins Auge. Einheimische Frauen eilen vorüber, auf dem Kopf Heuballen zum Verkauf auf dem Dorfmarkt. Ächzende Räder von Ochsenkarren wirbeln Staubfahnen hinter sich auf.

Flecken eines grünen Hintergrundes, mystifiziert im Staub, laden den Reisenden dazu ein, seinen Blick auf den zwischen dem Laub der Bäume sichtbaren Tempel zu richten. Hier liegt in Hainen von Mangobäumen und Myrobalanen Santiniketan.

Hier in Santiniketan errichtete der Dichter – einst ein Schulschwänzer im wahrsten Sinne des Wortes – eine Schule. Und dort machte er es zur Pflicht, dass jeden Tag vor Sonnenaufgang ein Gong die schläfrigen Schüler und Lehrer gleichermaßen aufweckt, um sie auf dem Platz vor der Zentralbücherei zu versammeln.

Diese Veranstaltungen, die wie stilisierte ‚street-corner meetings' anmuten, wollen das erwachende Bewusstsein mit der umgebenden Natur zu einem Ganzen werden lassen. Mit einem Gesang, sorgfältig aus den zahlreichen von Tagore komponierten und auch getexteten Liedern ausgewählt, endet jedes dieser Treffen. Die Verantwortung für die Auswahl und Darbietung dieser Lieder wird im Wechsel von den verschiedenen Fakultäten und Departments getragen. Ein Tagesbeginn ohne Lieder ist in Santiniketan bis heute undenkbar.

Die meisten Unterrichtsstunden werden im Freien – im Schatten der mächtigen Bäume – abgehalten, bis die Monsunzeit anbricht und geräumige Veranden dem Unterrichtszwecke dienen. Schon vor Beginn des Monsuns warten die Schüler sehnsüchtig auf die heftigen Regengüsse, die den Unterricht angenehm verzögern. Ansonsten aber finden die Vorlesungen und Übungen stets unter dem Blaugrün des Himmels und der Bäume statt.

Rabindranath pflegte auch selbst Vorlesungen zu halten. Verschiedenste Altersgruppen, von den Schülern bis zu den Lehrern, nahmen daran teil. Themen seiner Vorlesungen waren Shakespeare, Goethe, Byron, Shelley, Keats, Ibsen, Maeterlinck, Yeats und vielen anderen gewidmet.

Während einer dieser Vorlesungen, gehalten im Jahre 1908, erläuterte Tagore, inspiriert durch Goethe und die Brüder Schlegel, seine Vorstellung von Weltliteratur: „Die Welt ist weder dein privates Stückchen Erde noch das meinige; das anders sehen zu wollen, wäre eine grobe Anmaßung. Folglich ist auch Literatur weder dir, noch mir, noch sonst irgendjemandem vorbehalten."

Als kreativer Lehrer achtete er sehr darauf, dass die Auslegung eines behandelten Themas nicht durch übertrieben gängelnde Erklärung zur starren, begrenzten, einengenden Festlegung wurde. Ein Text sollte für die Mannigfaltigkeit der Interpretation und Intuition der Empfänger offen gehalten werden.

Santiniketan ist als hervorragendes kreatives Experiment am 22. Dezember 1901 von Rabindranath ins Leben gerufen worden. Es begann mit fünf Lehrern und fünf Schülern.

Obwohl Tagore sich auf das Schulmodell des alten Indien stützte, wo der Unterricht meistens in Einsiedeleien abgehalten wurde, lag ihm daran, vom zeitlosen Indienbild zum Indien des zwanzigsten Jahrhunderts zu gelangen.

Das Motto für Santiniketan *Yatra Visham Bhavatyekanidam* (‚wo die Welt zu einem einzigen Nest wird') erhielt Rabindranath von seinem prominenten Zeitgenossen Vidhusekhar Shastri.

Tagores Bemühungen, Santiniketan in die Weltkarte aufnehmen zu lassen, vermittelte das Gefühl, nicht abgesondert in einem kleinen Dorf namens Santiniketan zu leben, sondern Bürger einer Weltgemeinschaft ohne Beachtung von rassischen, regionalen oder religiösen Unterschieden zu sein.

Während seiner Reisen durch das spannungsgeladene Europa anlässlich der Verleihung des Nobelpreises für Literatur im Jahre 1913 traf Tagore auf distinguierte Gelehrte mit kreativer Ausrichtung, die er herzlich zur Lehrtätigkeit in seine wachsende Institution, das ‚Land der Sehnsucht des Herzens', einlud. Es bedeutet mehr als eine zufällige Wechselbeziehung, dass eine erneute Einweihung Santiniketans nach seiner Rückkehr von einer Europareise im Jahre 1921 stattfand. Und so wurde die Einrichtung Santiniketan als *Visvabharati* bekannt. Dieser Name ist aus zwei Sanskritworten zusammengesetzt: aus *Visva,* d. h. Universum, und *Bharat,* d.h. Indien.

Nichts Abstraktes, Ätherisches war in Tagores Denken. Er überdachte Wichtigkeit und Wert der damals ihm begegnenden Ausbildungssysteme. Im Jahre 1921 arrangierte Hermann Graf Keyserling eine ‚Tagore-Woche' in Darmstadt. Er zog Tagores Aufmerksamkeit auf die 1919 durch den Anthroposophen Rudolf Steiner in Stuttgart gegründete Waldorfschule. Tagore lehnte jedoch deren spezielle Tendenz zur Theoretisierung ab. Aus demselben Grund wich er mit Bedacht von der Gandhischen Basisausbildung, die nationalistische Züge aufwies, und jener des Sri Aurobindo in Pondicherry ab, der sich hochgeistigen Ambitionen verschrieben hatte. Hoch schätzte er dagegen das Schulsystem Pestalozzi mit seiner Ausgewogenheit von Freiheit und Selbstdisziplin.

Beim Aufbau seiner Schule wurde Tagore der Sinn der das Leben bereichernden Rituale bewusst. In einem bengalischen Sprichwort heißt es: ‚Wir haben dreizehn Feste in zwölf Monaten eines Jahres.' Tagore führte eine ganze Reihe von Festen ein, darunter verschiedene Winterfeste, den Tag des Gandhischen Dienstes, das Frühlingsfest, den letzten und den ersten Tag des bengalischen Jahres (Mitte April), den Tag Buddhas, das Regenfest, das Herbstfest und viele andere. Alle diese Feste wurden in einem folkloristischen Stil gefeiert.

Leonard Elmhirst, der in Cambridge promovierte und sich der Agrarwissenschaft widmete, schloss sich Tagore in seinem Bemühen an, durch Gründung und Weiterentwicklung Santiniketans die Wiederbelebung der dörflichen Struktur zu bewirken. Damit begannen neue feierliche Bräuche in den Jahresrhythmus einzufließen, deren bedeutendste *halakarshan*, die Zeremonie des Pflügens, und *briksharopan*, das Fest des Baumpflanzens sind.

Zur Feier des Baumpflanzens wird ein Altar errichtet und dieser mit Blumenmotiven, Sandelholzpaste und getöpferten Lampen ausgeschmückt. Fünf Baumschösslinge werden auf geschmückten Tragen herangebracht, um die sich eine halbkreisförmige Prozession bildet. Fünf Kinder, die die fünf Elemente des Universums, Erde, Wasser, Feuer, Luft und Raum verkörpern, schließen sich dem prachtvollen Zuge an. Vor dem Altar rezitieren die Kinder, und alle Anwesenden singen.

Des Öfteren erklärte Tagore: „Gesänge werden nicht komponiert, um die jugendlichen Gemüter zu beeinflussen. Es sind ‚songs', die der Dichter zu seinem eigenen Vergnügen schreibt. Tatsächlich wurden die meisten meiner *Gitanjali*-Lieder in Santiniketan geschaffen. ... Lyrische Dramen entstanden für saisonale Festlichkeiten. Sämtliche Stücke meiner späteren Jahre schrieb ich hier, und Kinder waren an ihrer Aufführung beteiligt. Trotz aller Ängste und überkritischen Sensibilität eines Autors in Bezug auf die Aufführung seiner eigenen Stücke wurde ich niemals durch meine Studenten enttäuscht. Sehr selten nur gestattete ich den Lehrern, der Kinder eigene Interpretation und Darstellung der Charaktere zu beeinflussen. Oft auch schrieben oder improvisierten sie eigene Aufführungen, und wir waren dazu eigeladen, ihre Vorführungen zu besuchen..."

Tagore glaubte – wie auch T. S. Eliot – an die sinnvolle Kombination von Tradition und Individualität des Talents. Sein Bemühen, dieses Konzept mit den indischen Gegebenheiten in Einklang zu bringen, fand wertvolle Unterstützung durch den berühmten Bildhauer Ramkinkar Baij, dessen in Santiniketan geschaffene Skulpturen ‚Die zeitlose Flamme', ‚Buddha meditierend', ‚Volksstämme' und ‚Tagelöhner zur Reismühle eilend' zu einem erfreulichen Wechselspiel klassischer und moderner Kunst verschmolzen.

Die indische Renaissance des neunzehnten Jahrhunderts war besessen von pragmatischem Streben nach Wissen. Davon war *Silpayoga*, die Praxis der Kunst, ausgeschlossen, wie Schwester Nivedita (Margaret Elizabeth Noble aus Irland, 1867-1911), die sich ganz den Regeln Ramakrishnas unterworfen hatte, in Tagores Kreisen überzeugend erklärte.

Tagore und sein Neffe Abanindranath, Baij, Stella Kramrisch, Nandalal Bose, Jamini Roy, Binodbihari Mukhopadhyay und viele andere Künstler und Kunstkritiker füllten diese Lücke aus, und als Ergebnis nahm die indische Renaissance während der dreißiger Jahre dieses Jahrhunderts ihre endgültige Form in Tagores Santiniketan an.

Zu dieser Zeit stieß Tagores synthetisierendes Experiment überall in Indien auf großes Interesse. Mit wenigen Ausnahmen wurde sein Muster der Koedukation in den Schulen ganz Indiens eingeführt. Seine humanistischen und wissenschaftlichen Akademien, ‚The Hall of Industries', das Zentrum für tibetanische und chinesische Studien, die Einheit islamisch-zoroastrischer Forschung und die Departments für moderne Sprachen und Literaturen nahmen lebhaften Aufschwung. Von der Rekonstruktion dörflicher Einheit zeugte der Aufschwung in den Bereichen Weben, Holzarbeit, künstlerische Lederverarbeitung, glasierte Töpferarbeiten, Korbflechten, Papierherstellung und Buchbinden, Lackieren und Batikarbeiten. Die um Santiniketan liegenden achtzehn Dörfer wurden in diese Entwicklung einbezogen.

Die Ruhelosigkeit Tagores nahm ständig zu. Sein Traum war längst zur Institution geworden. Dies jedoch befriedigte ihn nicht. Sein experimentelles Bewusstsein erlaubte ihm niemals, selbstzufrieden auf seinen Schöpfungen auszuruhen. Damals wurden seine ursprünglich aus kalligraphischen Verbesserungen in seinen Manuskripten entstandenen Zeichnungen, die seine Unruhe ausdrückten, bekannt.

Er konnte seinem Wunsch nach Zurückgezogenheit nicht nachkommen. Denn zu dieser Zeit fühlte sich Tagore dazu verpflichtet, mit seiner Theatergruppe und seinen Tanzdramen verstärkt öffentlich aufzutreten. Seine finanziellen Quellen, die durch die ausländischen Honorare bisher aufgefüllt wurden und auf die er zur Unterhaltung der Unternehmung in Santiniketan angewiesen war, versiegten, so dass er im Jahr 1936 unter großem Kapitalmangel litt.

Obwohl er ein erschöpfter Mann von fünfundsiebzig Jahren war, wagte er also erneut eine Tour, um sein neues Tanzdrama *Chitrangada,* das auf dem indischen Epos Mahabharata basierte, der Öffentlichkeit vorzustellen. So wollte er die Mittel für seine Schule aufbringen. Mahatma Gandhi, schockiert über das mit dem bevorstehenden Unternehmen verbundene gesundheitliche Risiko, übersandte Rabindranath Tagore einen Scheck mit der dringlichen Bitte, eine derartig anstrengende Reise auf keinen Fall zu unternehmen. Dabei wurde es Tagore erneut bewusst, dass nach seinem Tode Mahatma Gandhi der richtige Mann wäre, um sich um Santiniketan zu kümmern.

Rabindranath Tagore, James Joyce und Virginia Woolf – drei Große der Weltliteratur – starben im Jahre 1941. Während es das Schicksal von Joyce und Woolf war, den Tod eines Künstlers in Einsamkeit zu sterben, hinterließ der Tod Tagores einen Einschnitt großer Dimension.

Gandhi trat an Nehru mit der Bitte heran, die notwendigen Schritte zur Erhaltung von Tagores Werk zu unternehmen. 1951 wurde Santiniketan zu einer der indischen Zentraluniversitäten erklärt.

Santiniketan überlebt, weil es den tiefen Glauben an die Zukunft von Kultur und Menschheit hat und weil es sich diese Denkweise erlauben kann, durch Nichtbeachtung der Technologietrends unserer Zeit.

Am Ende seines Lebens erkannte Tagore den Ausspruch von Virginia Woolf an, dass die Zivilisation ein Verlangen der Dinge des Geistes sei.

Dies war die feste Basis, auf der die Einrichtung Santiniketan gegründet worden war und auf der sie heute noch ruht. Sollten heute Naturkatastrophen die gesamte Lebensgemeinschaft von Santiniketan vernichten, so würde es sich eines Tages durch seine charakteristische Ökologie des Geistes wieder erheben.

Nachbemerkung (2010)

Als ich vor über 20 Jahren meine Erinnerungen an meine Schulzeit in der Tagore-Schule (Santiniketan) niederschrieb, war ich mir der Unzulänglichkeit dieses Erziehungssystems durchaus bewusst.

Heute ist in Santiniketan auch eine Universität entstanden, die den Namen „Visvabharati" trägt. Dieser Ort ist frei von jeglichem kleingeistigem Nationalismus. Wie der Name dieser Universität besagt: Die ganze Welt ist hier zu Hause; auch heute vollends im Geiste von Tagores Weltbild.

Im April 2010 feierte man nun in Deutschland den hundertjährigen Bestand der Odenwaldschule. Das von Paul Geheeb erdachte Erziehungssystem sollte junge Menschen nach deren Idealbild allseitig ausbilden. (Dies gilt auch für die einige Jahre später durch Rudolf Steiner gegründeten Waldorfschulen.)

Nach den jüngsten Veröffentlichungen der Skandale bezüglich der Odenwaldschule schleicht sich der Verdacht ein, dass der Gründungsvater der Odenwaldschule zu linear dachte und dass er einer realitätsfernen Reformpädagogik frönte. Auch die Relevanz der Waldorfschule nimmt heute ständig ab.

In der Tagore-Schule dagegen hat fanatischer Idealismus keinen Nährboden gefunden. Die Kinder lernen unter freiem Himmel, geleitet von ihren Lehrern. Von Missbrauch gegenüber Kindern kann hier in keinerlei Hinsicht die Rede sein.

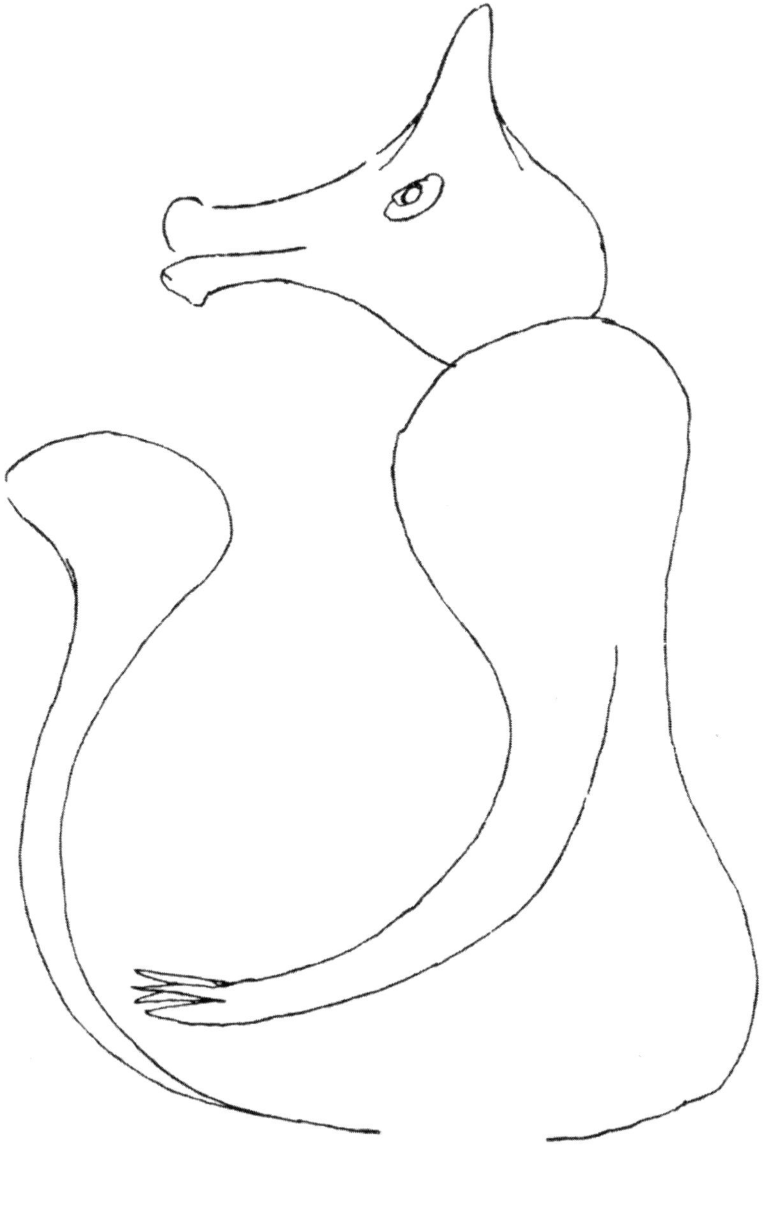

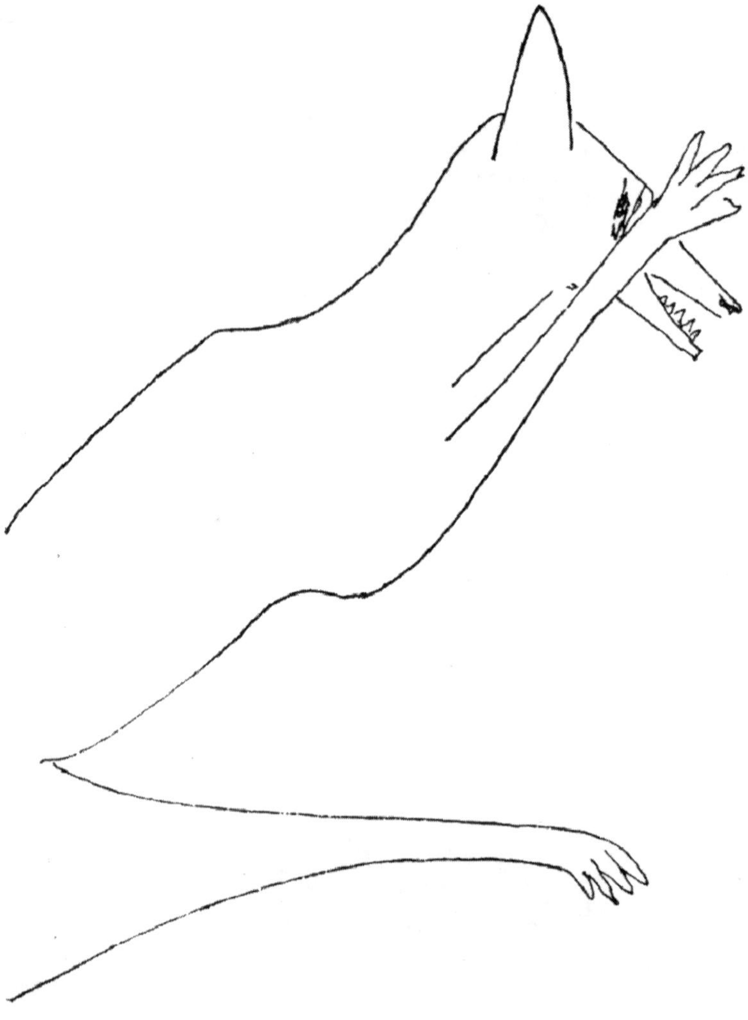

Die Lieder Nazrul Islams und Rabindranath Tagores

Ein vergleichender Annäherungsversuch

Tagores Lieder sind in Bengalen auch heute noch sehr populär. Dies gilt auch für die Lieder des Dichters Kazi Nazrul Islam (1899-1976). Ein Vergleich bietet sich hier an.

Zunächst muss gesagt werden, dass Tagores Musik vielfältiger ist. Nicht wegen der Zahl (Tagore hat etwa 2500 Lieder geschrieben), sondern wegen den verschiedenartigen Stilrichtungen. Tagore hat mit der europäischen Musik experimentiert. Mit seinen Liedern kreierte Tagore eine Welt, die viel zur heutigen Identität Bengalens beigetragen hat.

Es gibt drei Säulen in Tagores Musik: *Puja* (Devotion), *Prem* (Liebe) und *Prakriti* (Natur). Zwischen diesen Räumen kann der Rezeptor sich hin und her bewegen. Tagores Lieder lassen sich nicht kategorisieren.

Nazruls Lieder haben oft eine lineare Botschaft. Sie enthalten eine bestimmte Stimmung, die leicht identifizierbar, entzifferbar ist. Bei Tagore ist das anders. Die bengalischen Literaturwissenschaftler können sich oft nicht einigen, ob ein bestimmtes Lied von Tagore nun ein devotionales, ein Liebes- oder ein Naturlied ist. Diese bunte Ambivalenz fehlt in Nazruls Musik.

Das bedeutet nicht, dass ich Nazruls Genie in Frage stellen möchte. Seine Intention war eine andere als diejenige Tagores. Unter Lyrik verstand man zu Nazruls Zeit „One thought, one feeling, one situation" (Palgrave). In diese Schule gehörte Nazrul. Er wäre sicher damit einverstanden gewesen, seine Lyrik als „Gebrauchslyrik" zu bezeichnen.

Wenn ich ein Nazrul-Lied höre oder singe, habe ich den Eindruck, dass das Lied sofort aus einem Guss, ohne es zu revidieren, entstanden ist. Demgegenüber hat Tagore seine Lieder immer wieder umgeschrieben und dabei eine Welt kreiert, die die verschiedenen Facetten seiner poetischen Persönlichkeit reflektiert. Das kann man so wohl nicht von Nazrul sagen.

Beide haben *Anushthanik*-Lieder geschrieben, also sogenannte Gelegenheitslieder, zu verschiedenen Anlässen. Die schöne Dame Faziltunnesa ging nach London, was Nazrul dazu animierte, eine *Raga*-orientierte Ode zu schreiben. Merkwürdigerweise ist die zweite Strophe dieses Liedes Tagorescher Prägung:

> (...) bleib nicht dort im Himmel,
> komm zurück zu uns
> mit einem goldenen Boot
> in der Biegung des Flusses (...)

Die Diktion ähnelt derjenigen Tagores, aber ich kann mir kaum vorstellen, dass Tagore aus einem solchen Anlass ein Lied geschrieben hätte.

Natürlich hat auch Tagore zu bestimmten Anlässen, zum Beispiel zu Hochzeiten, Lieder geschrieben. Diese Lieder sind aber sublim-komischer Natur. Tagore hat gerne transzendiert. Von Nazrul kann das nicht gesagt werden.

Nazrul hat verschiedene Stilrichtungen: *Ghazal, Bhajan, Jhumur*, also der Tanzgesang der Santhals. Seine Lieder können als rein mimetische Reproduktion des Lebens verstanden werden. Man spürt, wie diese Bilder vibrieren. Manchmal, wenn man mich bittet, ein Tagore-Lied zu singen, trage ich ein weniger bekanntes Nazrul-Lied vor. Tagores Lieder sind zu viel benutzt worden. Man hat sie zu oft gesungen. Das geschieht auch mit manchen Liedern Nazruls. Man benutzt sie als Gebrauchsgegenstände, bei feierlichen Anlässen, als Beitrag zur Verständigung zwischen Hindus und Moslems. So gesehen haben Nazruls Lieder eine prophetische Qualität, vergleichbar mit Iqbals Poesie.

Vor lauter Eifer, Nazrul zu verehren, hat man eine Nische seiner Musik links liegen lassen. Einige subtile Naturlieder mit erotischen Assoziationen beispielsweise. Diese werden heute nicht gesungen, obwohl sie oft sehr schön sind. Für mich ist es eine große Freude, diese unbekannten Lieder zu entdecken und vorzutragen. Es gibt bei Nazrul immer noch Nischen, die man entdecken kann. Bei Tagore sind demgegenüber alle Nischen erforscht.

Bei Tagore ist die Symbiose von Text und Melodie eine einmalige Sache. Die beiden Elemente kann man nicht voneinander trennen. Der Text ist sehr wichtig, wahrscheinlich wichtiger als bei Nazrul. Ich habe es erlebt, dass Leute beim Vortragen von Nazruls Liedern *eigene* Verse in die Lieder eingebaut haben. Solche Interpolationen sind meiner Ansicht nach durchaus in Nazruls Sinne. Nazrul trug nicht seine eigene Psyche vor, sondern, sozusagen, eine kollektive Seele.

Bei Tagore-Liedern ist Vergleichbares nicht möglich. Man kann nicht *ein* Wort entfernen. Wenn man das macht, zerstört man die gesamte kosmische

Harmonie. Dazu kommt, dass bei Tagore Text und Melodie von gleicher Bedeutung sind. Wort und Musik können nicht getrennt werden.

Wenn ich ein Lied von Nazrul höre, denke ich manchmal heimlich: Warum hat er jetzt diese Metapher benutzt? Wäre eine andere nicht besser gewesen? Das bedeutet nicht, dass Nazrul ein schlechter Dichter war. Aber man muss bedenken, dass seine Lieder in Sturm-und-Drang-Laune entstanden sind und dass er später keins seiner Lieder verändert hat. Demgegenüber hat Tagore seine Lieder – wie Friedrich Hölderlin – immer wieder umgeschrieben. In manchen seiner Lieder ist auch bei Nazrul eine Einheit von Musik und Text spürbar, aber oft fehlt die ästhetische Totalität, die wir heute bräuchten.

Was Tagore betrifft, so kann ich sagen, dass es viele Menschen gibt, die täglich seine Gedichte lesen, um eine Orientierung zu finden. In diesem Sinne sind Tagores Lieder zu einer säkularen Ersatz-„Religion" für ein ganzes Volk geworden.

In Nazruls Liedern ist das Kathartische das Primäre. Bei Tagore spielt nicht das Analytische, sondern das Visionäre die Hauptrolle. Tagore hat auch sehr viel kathartische Musik geschrieben, etwa in den tragischen Momenten seines Lebens. Aber er ließ es so nicht stehen. Er schuf immer neue Varianten.

Bei Tagore gab es immer eine große Offenheit für neue musikalische Ausdrucksformen und Stilrichtungen. Aufgrund seiner Erfahrung als Student in England schrieb er als Zwanzigjähriger das Musikdrama *Balmikipratibha*. In seinem Elternhaus war die klassische indische Musik eine lebendige Tradition. Gleichzeitig waren auch ein Klavier, eine Violine und andere Musikinstrumente vorhanden, auf denen Werke von Beethoven und Chopin gespielt wurden. Und aus der Zeit, als er den elterlichen Grundbesitz in Selaidah verwaltete, gibt es Lieder, in denen sich Elemente der Musik Beethovens und Chopins wiederfinden lassen.

In der indischen musikalischen Tradition beeindruckten ihn die *Kirtans* und die Musik der *Bauls*, außerdem die *Bhajans*, also mittelalterliche Hymnen, und die Lieder von Kabir. Es gibt keine indische musikalische Gattung, die er in seiner Musik nicht einbezog, auch die Tanzmusik aus dem fernen Sri Lanka. Aus allen diesen musikalischen Traditionen erhielt er Inspirationen für seine eigenen Werke. Sein ganzes Leben lang, bis zu seinem Tode, war er offen für neue Stilrichtungen.

Für Nazrul hatte die europäische Musik eigentlich keine Bedeutung. Bis zu seinem letzten Atemzug blieb er in *seinem* Bengalen, dessen vielseitige indigene Musik für ihn die Welt bedeutete.

Aus einem Gespräch zwischen dem Autor und Christian Weiß.

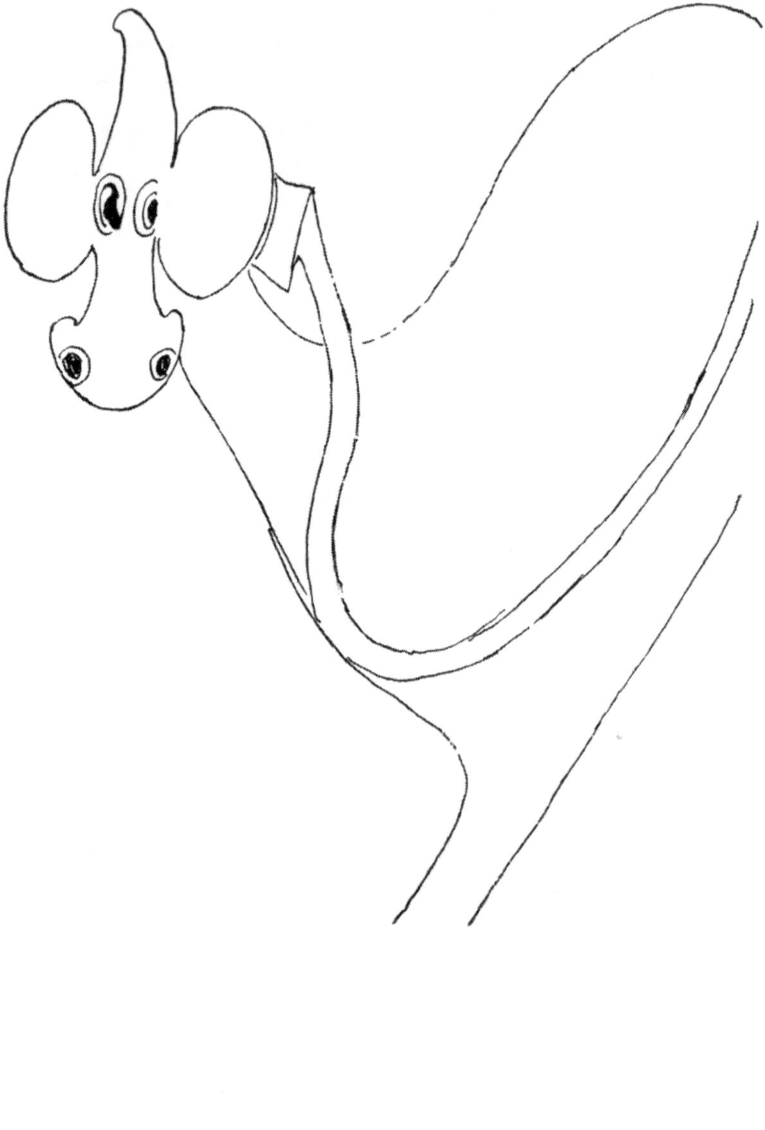

Übersetzungsschwierigkeiten

Vor allem in den Jahren zwischen 1913 bis 1922 sind sehr viele Werke Tagores ins Deutsche übersetzt worden. Ein Problem dabei war, dass es damals keine Direktübersetzungen aus dem Bengalischen ins Deutsche gab. Es wurden nur Werke übersetzt, die zuvor ins Englische übertragen worden waren. Durch diese „doppelte Übersetzung" sind zahlreiche Probleme entstanden.

Dies gilt besonders für Tagores Lieder. Nehmen wir zum Beispiel das Lied „Amar milan lagi tumi" aus *Gitanjali*, dem Werk, für das Tagore 1913 den Literaturnobelpreis bekam. Dieses Lied wurde 1914 von Marie Luise Gothein folgendermaßen übersetzt:

> „Ich weiß nicht, aus welch ferner Zeit du immer näher kommst, mich zu treffen. Nicht Sonne, nicht Stern kann dich verborgen halten vor mir auf ewig.
>
> An manchem Morgen und Abend hört ich deinen Fußtritt, und deine Boten betraten mein Herz und beriefen mich heimlich.
>
> Ich weiß nicht, warum wohl heute mein Leben bewegt ist und eine Wallung von zitternder Freude mein Herz rührt.
>
> Es ist, als wäre die Zeit gekommen, mein Werk zu beschließen, und ich fühle im Wind einen schwachen Duft deines süßen Daseins."

Das klang schon vor 100 Jahren etwas antiquiert. Für heutige Leser ist das schlichtweg ungenießbar.

Das bengalische Original ist dagegen für bengalische Leser ein vollendetes Kunstwerk, das auch 100 Jahre nach seiner Entstehung nichts von seiner Frische und Aktualität verloren hat.

Lyrik zu übersetzen ist ohnehin schwierig. Für Tagores Lieder gilt dies in ganz besonderem Maße. In seiner Originalsprache hat das Lied „Amar milan lagi tumi“ einen wunderschönen Rhythmus und kunstvolle Reime. Von all dem ist in der deutschen Übersetzung überhaupt nichts übrig geblieben.

Dazu kommt, dass gerade dieses Lied wunderbar vieldeutig ist. Es ist nicht eindeutig bestimmbar, ob wir hier ein Liebes-, ein Natur- oder ein religiöses Gedicht haben. Der Liedanfang kann übersetzt werden: „Von jeher bist du auf der Suche nach mir ...“ Es ist aber auch folgende Übersetzung möglich: „Nach ewig langer Zeit bist du auf der Suche zu mir gekommen ...“

Eine weitere Passage aus dem Lied kann mit „Oh Reisender, heute zittert mein ganzes Sein vor Freude!“ oder auch mit „Oh Reisender, deine Seele zittert vor Freude, wenn du mich gesehen hast!“ übersetzt werden.

All diese Übersetzungsversuche klingen im Deutschen etwas seltsam. Es handelt sich hier wohl um ein Werk, das nicht übersetzt werden kann. Allenfalls wäre es möglich, eine Nachdichtung zu versuchen.

Es gibt allerdings auch einige wenige Übertragungen – obschon nicht direkt aus dem Bengalischen – von Tagores Gedichten, die als geglückt bezeichnet werden können. Dazu gehört folgendes Lied, das von dem Schauspieler Hans Effenberger ins Deutsche übersetzt wurde (*Der Gärtner*, 1921):

„Ich bin friedlos, ich bin durstig nach fernen Dingen.
Meine Seele schweift in Sehnsucht, den Saum der dunklen Weite zu berühren.
O großes Jenseits, o ungestümes Rufen deiner Flöte.
Ich vergesse, ich vergesse immer, dass ich keine Schwingen zum Fliegen habe, dass ich an dieses Stück Erde gefesselt bin für alle Zeit.

Ich bin voll Verlangen und wachsam,
ich bin ein Fremder in fremdem Land.
Dein Odem kommt zu mir und raunt mir unmögliche Hoffnungen zu.
Deine Sprache klingt meinem Herzen vertraut wie seine eigene.
O Ziel in Fernen, o ungestümes Rufen deiner Flöte!
Ich vergesse, ich vergesse immer, dass ich den Weg nicht weiß, dass ich nicht das beschwingte Ross habe.

Ich bin ruhelos, ich bin ein Wanderer in meinem Herzen.
Im sonnigen Nebel der zögernden Stunden, welch gewaltiges Gesicht

von Dir wird Gestalt in der Bläue des Himmels!
O fernstes Ende, o ungestümes Rufen deiner Flöte!
Ich vergesse, ich vergesse immer, dass die Türen überall verschlossen sind in dem Haus, wo ich einsam wohne."

Dieses Lied hat den großen Komponisten Alexander Zemlinsky sehr beeindruckt. Er hat es vertont, und auf diese Weise ist es zu einem Bestandteil der europäischen Kultur geworden.

Heute fällt es uns in Europa schwer, einen Zugang zu Tagore und insbesondere zu seiner inneren Religiosität zu finden. In dem Lied „Amar milan lagi tumi" ist von einem Maharaja die Rede, was rein denotativ „Großer König" bedeutet. Dieser Maharaja aber wird im indischen Kontext als das *Göttliche* interpretiert. Diese Divinität verlangt von jedem Individuum alles, auch seine ganze Entität und unmittelbare Zuwendung.

Vielleicht ist es hilfreich, wenn man daran denkt, dass es auch in Europa Poeten gab, die eine ähnliche Gottesvorstellung hatten, z.B. der Barockdichter Angelus Silesius (1624-1677). In seinem „Cherubinischen Wandersmann" (I, 8) heißt es:

„Ich weiß, dass ohne mich Gott nicht ein Nun kann leben
Werd' ich zu nichts, Er muss von Not den Geist aufgeben."

Ist es nicht ziemlich genau das, was auch in dem Tagore Lied „Amar milan lagi tumi" ausgedrückt wird?

Aus einem Gespräch zwischen dem Autor und Christian Weiß.

III.

Anhang

Stimmen

Ezra Pound

„Manch einer wird sich sicherlich wehren, dem Zauber dieses indischen Dichters zu erliegen, denn seine Philosophie ist nicht die ihre. Wenn uns das alles so merkwürdig und fremdartig erscheint, sollten wir, ehe wir sie verachten, uns erst die Frage stellen: was ist eigentlich unsere Philosophie? Wir sind in unseren Gedanken äußerst ruhelos, aber keinen dieser Gedanken können unsere Dichter zum Ausdruck bringen."

(Rezension von *Gitanjali* in: The Times Literary Supplement. 7.11.1912; Übs. T. & A. Dasgupta)

Rainer Maria Rilke
An Maria von Thurn und Taxis
Paris 16. Dez. 1913

„Und etwas ganz anderes: Rabindranath Tagore? Sein Gitanjali, das er selbst ins Englische so merkwürdig ausdrucksvoll soll übertragen haben; eine deutsche Übersetzung ist schon da und die französische André Gide's, von der Gide neulich schöne Proben las, erscheint dieser Tage. (Überhaupt erscheinen Bücher, was nur Platz hat, fast nur von mir keine, sonst von allen Leuten.)"

(*Briefwechsel*, Bd. 1, Zürich 1951, S. 336)

An Helene von Nostitz
Paris 27. Dez. 1913

„Und somit ein gutes Jahr allen diesen Ihrigen, verehrte Freundin und Ihnen; vierzehn muss eine bessere Zahl sein als 13, ich kann sie gar nicht lesen, ohne daß mir, wie in einer Rakete, die zwei guten Sieben, die darin gekreuzt sind, in die Luft springen. Ich schicke Ihnen Gide's Übertragung des Tagore, die heute erschienen; wahrscheinlich haben Sie ‚Gitanjali' schon englisch gelesen, aber Gide hat sich dieser Aneignung mit ganz besonderer Gluth überlassen, und es möchte gerade bei diesem Werke lohnen, die fremde Strahlung auch durch das reinfarbige Fenster einer europäischen Begeisterung, eigens gesammelt, aufzunehmen.
Leben Sie herzlich wohl und in ein freundliches Weltjahr hinein, das hoffentlich wieder in Ihre Nähe führt
Ihren Rilke"

(*Briefwechsel*, Frankfurt 1976, S. 59)

Herman Graf Keyserling

„Wie ich mich, im Frühjahr 1921, beim Besuch Rabindranath Tagores in Darmstadt, ganz in den Dienst dieser von mir damals höchstverehrten Persönlichkeit stellte – ich veranstalte nicht allein eine Sondertagung für ihn, ich übernahm auch die Aufgabe seines Übersetzers, tat für ihn alles, was ich nur konnte – da schuf die Hingabe Beglückung; zum Teil auch wohl in dem psychologischen Zusammenhang, daß es mir Freude war, die dem Verfasser des Reisetagebuchs in jener Zeit überschwänglich und mißverständlich gezollte Verehrung an einen würdigen Gegenstand weiterzugeben. Allein gerade als Folge dieser Tagung begegneten mir die ersten wirklich häßlichen Widerstände und Anfeindungen in Deutschland; gerade wo ich mich wirklich selbstlos hingab, wurden mir öffentlich die häßlichsten Motive untergeschoben, was ich damals, an Anrüpelung überhaupt nicht gewöhnt, als ungeheuerlichen Affront empfand (...) so fühlte ich mich im Sommer nach den Tagore-Wochen zerrissen und unbefriedigt wie nie vorher."

(Aus: *Reise durch die Zeit*, Band II, S. 273f., Ges. Werke II, Darmstadt 1958)

„Wie ich 1921 von der Darmstädter Tribüne aus alles dazu tat, um Tagore so herauszustellen, wie er wesentlich ist und gesehen werden sollte, erlebte ich seitens anderer Dichter allerhand Häßliches, was ich ihnen nie verziehen habe. Sie weigerten sich mitzumachen: wenn Tagore uns sehen will, so möge er uns besuchen; dann zeigen wir ihm, daß wir auch etwas können im Verkehr von gleich zu gleich. Aber der Niveau-Unterschied zwischen diesen Leutchen und dem großen Inder war und ist in meinen Augen – und hier sehe ich wohl richtig – kaum geringer als zwischen einem dunklen Planeten und einer Sonne. Tagore dichtete und sang wahrhaftig aus dem Ursprung heraus …
Ich habe persönlich nur einen Dichter gekannt, aus welchem durchaus ursprünglicher Geist sprach: das war Rabindranath Tagore …"

(Aus: Reise durch die Zeit, Band I, Vaduz 1948, S. 369f. und 386)

Stefan Zweig an Kurt Wolff

Salzburg, am 15. Juni 1921.
„Verehrter Herr Wolff!
Vielen Dank für ihre Mitteilungen über das Reiseprogramm Tagores, die es mir ermöglichte, ihm heute während des Übertrittes auf dem Bahnhofe Salzburg eine halbe Stunde Gesellschaft zu leisten und so danke ich Ihnen den großen, starken Eindruck dieser großen Persönlichkeit. In Wien ist alles, wie ich höre, bestens vorgesorgt und Sie können versichert sein, daß sich die Presse dort taktvoller benimmt wie in München, wo die öden „Geheimratswitze" wirklich für uns alle blamabel waren. Wenn man einigermaßen die deutschen literarischen Sitten kennt, weiß man, daß es immer einige Herren gibt, die ihre Obergescheitheit dadurch beweisen wollen, daß sie von oben herab über Leute sprechen, an deren Fußsohlen sie nicht heranreichen: sicherlich wird die literarische Konjunktur für Tagore momentan auf kühl distanziertes Wohlwollen eingestellt sein. Ich für meinen Teil tue da nicht mit und hoffentlich werden Sie bald lesen können wie ich über dieses schöne Buch „Sadhana" denke: ich habe dem Literarischen Echo einen Aufsatz darüber versprochen, da die großen Tageszeitungen ja momentan mit Tagore überfüllt sind. Ich halte es für eine unbedingte Pflicht, mich von dem überlegenen Getue solcher Leute auf das Entschlossenste abzuheben, auch auf die Gefahr hin, seinen Enthusiasmus höhnisch belächelt zu wissen.

Mit herzlichsten Grüßen immer Ihnen ergeben
Stephan Zweig"

(Aus: Kurt Wolff, *Briefwechsel eines Verlegers*, 1911-1963, Frankfurt 1980, S. 414)

Thomas Mann

17. V. 21
„Fataler Brief vom Grafen Herm. Keyserling in Sachen des Rabindranath Tagore u. seines Aufenthaltes in Darmstadt, wozu mein Kommen kategorisch verlangt wird. Auch soll ich die ‚Woche' journalistisch ankündigen. Heftiger Widerstand ..."

4.VI. 21
„Pikierte Karte von Keyserling, weil ich mich weigere, zum Besuch Tagore's nach Darmstadt zu kommen, was gar keinen Sinn hätte ..."

7. VI. 21
„Abends zum Vortrag R. Tagore's in die Universität. Saß vor K. Wolff, neben Björnson, begrüßte die Pilar. Merkwürdiger, aber ziemlich genau antizipierter Eindruck vom Inder. Zu Fuß nach Hause. Tagore wünscht meine Bekanntschaft, trägt morgen bei Wolff vor, wozu wir geladen."

8. VI. 21
„Wieder ein schöner, blauer, nicht zu warmer Tag. Ich excerpierte vormittags. Fuhr um 11 mit K. zu Kurt Wolff zum Vortrag des R. Tagore. Ausgewählte Gesellschaft. Der Eindruck einer feinen alten englischen Dame verstärkte sich. Sein Sohn, braun und muskulös, maskuliner Typus. Ich wurde vorgestellt, sagte: It was so beautiful und schob K. vor ‚my wife, who speaks english better than I'. Er hat meine Identität wohl nicht aufgefaßt ..."

(Aus: *Tagebücher*, 1918-1921, Frankfurt 1979, Seiten 519, 527, 529, 529-30)

Helmuth v. Glasennapp

„Der Dichter hat in der erwähnten Unterhaltung seiner lebhaften Freude Ausdruck gegeben darüber, daß es ihm jetzt vergönnt ist, Deutschland zu besuchen; er bedauerte es auf das lebhafteste, daß es ihm im vorigen Jahr infolge der Paßschwierigkeiten, die ihm die Dienststelle eines fremden Staates machten, nicht möglich war, das deutsche Gebiet zu betreten. Deutschland ist ihm nicht nur das Land der Dichter und Denker, das Land eines Goethe und Kant, sondern vor allem auch das Land, das von jeher dem Studium der indischen Sprachen und Religionen das größte Interesse in uneigennützigster Weise entgegengebracht hat. Mit Heines Worten erinnerte er daran, daß die deutsche Nation die einzige war, die in Indien nicht äußere Schätze zu erobern suchte, sondern einzig die geistigen Werte Indiens zu erringen trachtete."
(...)
„Wenn Tagores Aufenthalt in Deutschland ist, so werden die geistigen Anregungen, die von ihm ausgehen, doch noch lange nachwirken, und auch er wird, so hoffen wir, an seinen Besuch in Deutschland auch aus Ferne gern zurückdenken, so daß die Worte eines alten Sanskritdichters sich bewahrheiten:

‚Auch wenn er fern ist, wird den Seinen
Ein Freund doch nicht als fern erscheinen.
Der Mond ist fern, und doch erwacht
Durch ihn der Lotus in der Nacht."

(In: *Deutsche Allgemeine Zeitung*, 30. 5. 21)

Arthur Schurig

„Gewiß hat Yeats recht, wenn er seinem Inder in den Mund legt, daß im Abendland keinem Dichter gleiche Verehrung gezollt wird wie dem bengalischen Horaz in seiner Heimat. Übermäßigen Kult mit der Person eines Künstlers treiben, ist bei uns lächerliche Hysterie. Es genügt vollauf, wenn das Volk die Werke seiner Dichter kennt und liebt. Hierin freilich ist es im heutigen Deutschland übel bestellt. Von zehn Deutschen verraten neun durch die Wahl ihrer Lektüre schlechten Geschmack und bodenlose literarische Unwissenheit. Und daß es die Reklame fertiggebracht hat, einen indischen Lyriker bei uns zu einem populären Manne zu machen, beleuchtet die allgemeine Urteilsschwäche auf das Grellste. Wären die Deutschen in breiter Schicht ein Volk, das neben seinen Klassikern auch seine zeitgenössischen Autoren einigermaßen kennt und schätzt, so wäre wenig einzuwenden, wenn auch einmal ein fremdländischer Sänger vom Range Tagores zur Geltung kommt, aber Tagore, gepriesen von Leuten, die von der deutschen Dichtung keine blasse Ahnung haben, beweist die geringe Kultur der Massen in den deutschen Landen."

(Aus: *Tagore, seine Persönlichkeit, sein Werke, seine Weltanschauung,* Dresden 1921, 4. Auflage, S. 219-220)

Vossische Zeitung

„Berlins schönster Platz, der Franz-Josephs-Platz, ist schwarz von Menschen. Von Menschen, die vergeblich auf Einlaß drängen, die zwei Stunden warten, um den verehrten Gast wenigstens später wieder sein Auto besteigen zu sehen. Denn im Aula-Gebäude soll der indische Philosoph, Dichter, Maler und Musiker *Rabindranath Tagore,* über die Grundsätze der Kunst sprechen.
Indischen Landsleute aller Hautschattierungen, farbenprächtig gekleidete Orientalinnen, deutsche Professoren, deutsche Studentenjugend und beste Berliner Gesellschaft lauschen atemlos, als mit leiser, singender, fast klagender Stimme der Dichter in schwarzweißem, wallendem Gewand, in schneeweißem, gelocktem Bart und Haar und in gepflegtem, deutlichem Englisch seine Vorlesung beginnt. Eine *Tatsache* wird durch die Wissenschaft erklärt, eine *Wahrheit* durch die Metaphysik, ein *Ding* braucht keine Erklärung, ist in sich selbst Definition des Unbestimmten, es darzustellen, daß es uns in seiner ureigensten Form bewußt wird, ist Kunst.
Ehrfürchtig dankt Professor *Lüders* auf Deutsch, auf Englisch und sogar auf Sanskrit dem Dichter mit dem ‚Dank an Govinda', zahlreich sind die Blumenspenden und Autogrammgesuche und fast undurchdringlich die Menschenmauer derjenigen, die der Wunsch, die fremdartigen Erscheinungen aus nächster Nähe zu sehen, jede Rücksichtnahme vergessen läßt."

(16. 7.1930)

Niederdeutsche Zeitung

„Die Berliner Galerie Ferdinand Möller eröffnete in diesen Tagen eine hochinteressante Ausstellung von Aquarellen und Zeichnungen des indischen Dichters Rabindranath Tagore anläßlich seines Aufenthaltes in Berlin. Eine phantastischemythische Formenwelt, die sich der Dichter hier aufgebaut. In der Farbtechnik noch etwas gehemmt, dilettantisch in der scharfen Heraus-kristallisierung der Linearität, stark genähert durch die Schule des deutschen Expressionismus. Der Dichter gibt im Vorwort des Kataloges eine so genaue Charakterisierung seiner malerischen Entwicklung, daß diese am ehesten dazu angetan ist, mit der Wesensart der Tagoreschen Malerei vertraut zu machen:
‚Mein Einbruch in die Welt der Malerei bedarf einer Rechtfertigung. Er bringt eine vollkommene Bestätigung des Satzes, daß diejenigen, die nicht wissen, daß sie nicht wissen, geneigt sind, vorschnell zu sein. Selbst dort, wo allwissende Engel mit scheuer Vorsicht handeln. Als Künstler kann ich für meinen Mut mir kein Verdienst zuschreiben; denn es ist der unbewußte Mut des Unwissenden, der wie der Träumer auf gefährlichen Pfaden wandelt und nur gerettet wird, weil er blind ist vor der Gefahr. Das einzige, worin ich mich seit meinen jungen Jahren schulte, war der Rhythmus. Der Rhythmus der Gedanken, wie der Rhythmus der Töne. Denn ich hatte erkannt, daß es der Rhythmus ist, der den Dingen, die in sich selbst ohne Halt sind und ohne eigene Bedeutung, Realität verleiht. Und darum, wenn die Kritzeleien in meinem Manuskript wie die Sünder nach Erlösung schrien und meine Augen anfielen mit der Häßlichkeit ihrer Unbedeutung, dann nahm ich mir mehr Zeit, sie mit der Endgültigkeit rhythmischer Formungen zu begnaden, als das zu fördern, was meine eigentliche Aufgabe war.
Beim Vorschreiten in diesem Rettungswerk erkannte ich, daß in der Unbedenklichkeit der Formen eine ständige Aktivität herrscht, die zur natürlichen Auslese unter den Linien führt. Nur die Tüchtigsten überleben, die in sich selbst die Einigung zu harmonischer Gestaltung haben. Und ich fühle, daß es das Wesen der Schöpfung ist, das Arbeitslosenproblem, der heimatlos durcheinandergehender Linien dadurch zu lösen, daß man ihre Tendenzen zu ineinandergreifender Erfüllung bringt. Meine Bilder sind Werke in Linien. Sollten sie zufälligerweise berechtigt sein, Anerkennung zu beanspruchen, so kommt diese nicht der Interpretation, einer Idee oder der Repräsentation einer Tatsache zu, sondern in erster Linie der rhythmischen Bedeutung ihrer Formung, die endgültig ist.'"

(Hannover, 30. Juli 1930)

Kurt Wolff an Boris Pasternak

37 Washington Square
New York 11, N.W.
October 25 1958

„Ich habe immer geglaubt, daß Boris Pasternak den Nobelpreis bekommen müsse und würde. (Sie wissen es aus meinen Briefen.) Aber wir wissen auch, daß leider, leider das Richtige meist nicht geschieht. Daß es doch geschah, ist schön. Ich hoffe, Sie freuen sich ein wenig, ja? (Ihren Gedanken, der Preis hätte an Moravia gehen sollen, finde ich absurd – I beg your pardon.)
Am Beginn meiner Verlagstätigkeit hat ein Autor des Kurt Wolff Verlags, Rabindranath Tagore, den Nobelpreis bekommen. Das hat mich damals vor allem sehr egoistisch als große Hilfe für ein junges Verlagsunternehmen gefreut; dem lieben alten indischen Asketen habe ich den Preis gewiß gegönnt, aber es war nicht so wichtig, man hätte auch einen anderen Autoren wählen können. Das ist fast ein halbes Jahrhundert her. Era un altro mondo. Heute heißt der Nobelpreisträger Boris Pasternak."

(Kurt Wolff, *Briefwechsel*, a.a.O., S. 479)

Heinz Mode

„Als Rabindranath Tagore 1921 zum ersten Mal deutschen Boden betrat, waren einige seiner Werke bereits gut bekannt und in großen Auflagen verbreitet. Der verlorene Erste Weltkrieg hatte zunächst eine Abkehr der bürgerlichen Leser von der kraftstrotzenden deutschnationalen Literatur bewirkt und die Bereitschaft erhöht, ausländische Autoren willkommen zu heißen. In dem indischen Dichter sah man darüber hinaus noch den *Blutsverwandten* aus dem fernen Asien, in dessen Heimat das *perfide Albion* ebenso erbarmungslos gewütet hätte, wie es das nach einer damals weit verbreiteten Meinung gegenüber dem geschlagenen deutschen Vetter getan habe."

(Aus: *Rabindranath Tagore*. Auf den Spuren des Dichters und Denkers in Indien und Bangladesh. Berlin 1976, S. 126)

„Die Stellung Tagores in der bengalischen Literatur ist mit der Puschkins in der russischen vergleichbar. Puschkin ist in unserer Literatur der Erbe und Vollender des 18. Jahrhunderts und gleichzeitig Begründer der neuen, zeitgenössischen Literatur. Genauso ist Tagore in der bengalischen Literatur der Erbe und Vollender des 19. Jahrhunderts (des Jahrhunderts der ersten Schritte und der Sondierung auf den Wegen in einer neuen Richtung) und gleichzeitig der Begründer der zeitgenössischen Literatur. Aber Tagore lebte zweimal so lang wie Puschkin und ein Jahrhundert später; außerdem ist Indien, wie schon gesagt, kulturell sehr viel weiter von Europa entfernt als Rußland von seinen kontinentalen Nachbarn im Westen. Deshalb fiel es seinem Werk zu, weitaus größere zeitliche und kulturelle Entfernungen zu überbrücken als Puschkin. In der bengalischen Literatur ist Tagore eine derart überragende Größe, daß es sicher keine Übertreibung sein wird, seine Bedeutung für die Bengalen mit der Puschkins und z.B. Tolstojs zusammengenommen für die Russen zu vergleichen (natürlich darf man einen solchen Vergleich nicht buchstäblich nehmen: die Rede ist sozusagen von der absoluten literarischen und allgemein kulturellen Bedeutung und nicht von konkreten Leistungen in der einen oder anderen Gattung)."

(Aus: Saraskina, L. I., und Serebrjanyj, S. D., *F. M. Dostoevskij, R. Tagore* (Istoričeskaja tipologija, literaturnye vlijanija). S. 129-169, in: Vostok-zapad. Issledovanija. Perevody. Publikacii. Moskva: Izdatel'stvo „Nauka", Glavnaja Redakcija Vostočnoj Literatury, 1985, hier S. 132; Übs. L. Lutze)

Lebensspuren

1861	Als vierzehntes Kind seiner Eltern am 7. Mai in Kalkutta geboren. Vater: Debendranath Thakur (Tagore), Grundbesitzer und religiöser Reformator (1817-1905); Mutter: Sarada Devi (1826-1875).
1868-1874	Sporadischer Schulbesuch, Privatunterricht im Elternhaus.
1875	Erste Gedichtveröffentlichung in einer Wochenzeitschrift.
1878-1879	Erster Englandaufenthalt zum Englischlernen.
1881	Erster, erfolgreicher Auftritt in eigener Oper (Balmiki-Pratibha). Zweiter Versuch, zum Jurastudium nach England zu reisen, gescheitert.
1882	Viel Anerkennung für sein Sandhyasangit („Abendlieder").
1883	Heirat mit der zehnjährigen Mrinalini (Bhabatarini) Devi.
1884	Tod der Schwägerin Kadambari Devi, der Frau des älteren Bruders Jyotirindranath, die in seinem Leben eine entscheidende Rolle spielte.
1890	Zweite Englandreise. Beginn der Betreuung des elterlichen Grundbesitzes in Shelidah (heute Bangladesch). Begegnung mit den einfachen Leuten, erste lyrisch-realistische Kurzgeschichten.
1901	Übersiedlung auf den Familienbesitz in Santiniketan, ruft dort eine eigene Schule ins Leben, die für sein Leben und Schaffen bis zum letzten Atemzug die Achse bleibt.
1902	Tod seiner Frau.
1907	Tod seines jüngsten Sohnes Shamindra.
1912	Reise nach Amerika. Tagore schreibt an Rothenstein: ‚Mein Turban faszinierte einen Journalisten, der mich mit vielen Fragen angriff, ich aber war stumm wie mein Turban.' – Es erscheinen Tagores Übersetzungen ins Englische, darunter 51 Lieder aus *Gitanjali,* welches im Original 157 Lieder enthält.

1913	Erhält für *Gitanjali* den Nobelpreis verliehen.
1915	Vom englischen König geadelt.
1916	Reise nach Amerika.
1919	Gibt den Adelstitel aus Protest gegen das Jalianwalla-Bagh-Massaker in Amritsar zurück.
1920-1921	Gründet in Shriniketan (nahe Santiniketan) eine Schule zur Dorfentwicklung. Große Europatournee, legendäre Darmstädter Tagore-Woche (9. –14. Juni 1921). Tagore in Straßburg: „Hier im Westen erlebe ich meine Wiedergeburt ... daher all die Feierlichkeiten ...".
1924	Besuch bei Victoria Ocampo in Buenos Aires, seiner Anhängerin, Mäzenin und Freundin.
1925	Mussolini lässt durch Abgesandte in Santiniketan um Tagores Gunst werben.
1926	Er erkennt bei seiner Italienreise die Gefahr totalitärer Staaten; zweiter Besuch in Deutschland. Kritik am Totalitarismus in seinem symbolischen Drama *Raktakaravi* (Roter Oleander). Gespräche mit Albert Einstein.
1930	Letzter Aufenthalt in Deutschland; erste Bilderausstellung in Paris (Galerie Pigal) und in mehreren europäischen Städten. Nach seinem Besuch der Oberammergauer Passionsspiele am 20. Juli schreibt er das epische Fragment ‚*The Child*' auf Englisch.
1931	Uraufführung von ‚*The Child*' in bengalischer Fassung in Kalkutta; Erlös für die Flutgeschädigten in Nordbengalen.
1932	Protestiert vehement gegen die Verhaftung von Mahatma Gandhi nach dessen Rückkehr aus London. Blitzreise nach Persien mit dem Flugzeug.
1934	Die Erinnerung an Rabindranath in Europa verblasst, seine Einkünfte aus europäischen Verlagshonoraren schwinden.
1936	Gandhi bittet den kranken Dichter, keine weiteren Bettelkunstreisen mit seiner Theatergruppe mehr zu unternehmen, deren Einkünfte die Institution Santiniketan über Wasser halten sollen.
1937	Veröffentlichung seiner naturwissenschaftlichen Forschungen. Er protestiert gegen die Behandlung der im Hungerstreik lebenden Gefangenen auf den Andaman-Inseln. – Im Sessel sitzend, führt Rabindranath Regie bei der Aufführ-

	rung einer seiner Gesangs- und Tanzcollagen.
1939	Schlichtet zwischen den politischen Kontrahenten Subhas Chandra Bose und Jawaharlal Nehru. Letzter Auftritt in einem eigenen Tanzdrama.
1940	Eine Delegation der Universität Oxford überbringt die Ehrendoktorwürde (D. Litt.).
1941	Krankheit in Santiniketan, stirbt nach einer Operation am 7. August in seinem Geburtshaus in Kalkutta.

Quellenangaben und Anmerkungen

RR = Rabindra-Rachanavali: Rabindranath Tagore, Gesammelte Werke in der bengalischen Originalausgabe. Visva-Bharati, Kalkutta, 1939ff. (bis jetzt 29 Bände).
HAST = Heidelberger Südasien-Texte 1: Rabindranath Tagore, Späte Lyrik. Ausgewählt, übersetzt aus dem Bengalischen und kommentiert von Alokeranjan Dasgupta und Lothar Lutze. Südasien-Institut, Universität Heidelberg, Juni 1975.
Pratik = Festschrift des Deutsch-Indischen Vereins, Ulm (Juni 1980), hrsg. von Trudberta Dasgupta und Albrecht Frenz.

Erinnerungsblitze

13 Auszüge aus *Atmaparichay*, 1931, S. 77-96; aus Tagores Einleitung zu RR, Band I, 1939, S. 1-4; aus *Chhelebela*, 1940. Die Stellen über den Vater und die Mutter sind *Maharsi Devendranath*, 1968 posthum veröffentlich, S. 61 und *Mane pada, Sisu Bholanath*, 1922, RR, Band XIII, S. 76, entnommen.

13 *Jyotirindranath* Tagore (1849-1925), älterer Bruder, fünfter Sohn der Eltern.

14 *Bel*: duftende Sommerblüte, auch als arabischer Jasmin bezeichnet.

14 *Betel*: Genussmittel zum Kauen, auch Pan genannt. Paste aus Betelnuss, gebranntem Kalk, variierenden Gewürzen, auch Tabak, in einem Pfefferblatt. Meist nach dem Essen gereicht.

17 *First Book*: damals weitverbreitetes Englischlehrbuch für Kinder.

17 *Sitar Vanavas*: Kindergerechte Fassung (1860) eines Teils des Ramayana-Epos, verfasst von dem Erzieher und Reformator Iswarchandra Vidyasagar (1820-1891).

17 *Meghnad-Vadhkavya*: epochemachendes bengalisches Epos (1861) von Michael Madhusudan Datta.

17 *Mugdhabodh*: Sanskritgrammatik von Bopadeva.

18 *Bengal Akademi*: eine elitäre, von De Cruz geleitet englischsprachige Schule in Kalkutta.

18 *Jnan*: Jnanchandra Bhattacharya, der 1873 als Privatlehrer Tagores angestellt wurde, kam als alter Mann nach Santiniketan, um dort zu lehren.

18 *Babu*: gängige Anredeform, alleine gebraucht oder an den Namen eines Hindus angehängt.

18 *Kumarsambhava*: Kunstepos in Sanskrit („Die Entstehung des Kumaras") von Kalidasa (5. Jh. n. Chr.).

18 *Ramsarasva:* R. Bhattacharya, Abteilungsleiter für Sanskrit in der ‚Metropolitan Institute', Kalkutta.

18 *Shakuntala:* berühmtes Sanskritdrama (‚Abhijnanashakuntala', „Shakuntala oder der Erkennungsring") des Kalidasa (s.o.), von Georg Forster 1791 indirekt ins Deutsche übersetzt, von Goethe sehr geschätzt.

18 *Pandit:* Titel eines brahmanischen Gelehrten.

18 *Dada:* ursprünglich Bezeichnung für den älteren Bruder, heute auch an den Vornamen eines älteren Freundes angehängt.

18 *Raga:* klassischer, nordindischer Musikmodus, bedeutet Stimmungsfarbe, soll im Hörer tages- und jahreszeitliche Stimmungen auslösen.

18 *Sanai* (Shenai): Blasinstrument mit Holzblatt, wird üblicherweise zur Hochzeit gespielt.

18 *Junge Braut:* die Frau des älteren Bruder Jyotirindranath, die sich später das Leben nahm.

19 *Bangadarshan:* maßgebende Literaturzeitschrift (seit 1872), herausgegeben von Bankim Chandra Chattopadhyay (1838-1894), dem ersten bedeutenden bengalischen Romancier.

19 *Bauthakrun: Bau* (‚Frau') + *Thakrun* (‚Göttin'), zuneigungsvolle Anrede für die Frau des Hauses.

19 *Jatra:* populäres bengalisches Singspiel als Wandertheater.

19 *Adhikari*: Inhaber und Intendant einer Jatratruppe.

21 *Shrikantha Sinha*: Freund und Anhänger des Vaters.

21 *Chameli*: eine Art Jasmin.

22 Der erste Teil seines Namens, ‚*Rabi*', bedeutet ‚Sonne'.

Momentaufnahme

23 Im Gespräch mit Kshitimohan Sen in Santiniketan, Juli 1941.
23 Aus *Visesh*, Santiniketan, 1908, RR, Band XIII, S. 514.
23 Aus *Pranaman*, Lipika, 1922, RR, Band XXVI, S. 162-163.
24 Aus *Shriniketan itihas o Adarsha*, 1939, RR, Band XXVII, S. 557-558.
24 Aus *Aranyadevata*, 1938, RR, Band XXVII, S. 546.
25 Im Gespräch mit Pulinbihari Sen in Santiniketan, Juni 1941.
25 Aus Tagores Brief vom 29. Mai 1919 an den Vizekönig, Lord Chelmsford, als Tagore seinen Adelstitel zurückgab.
25 *Hooghly* (auch: Hugli): westlicher Mündungsarm des Ganges, zugleich eine Stadt nördlich Kalkuttas.
25 *Behrampur*: eine Stadt, ungefähr 120 km von Kalkutta.
25 Aus: *Crisis in Civilization,* dem letzten Manifest Tagores (1941), zit. nach Krishna Kripalani, Tagore, A Biography, 1980, S. 444.
Tagores oft wiederholtes Argument, das er bei seinem letzten Versuch (1939) einsetzte, zwischen Subhas Chandra Bose und Jawaharlal Nehru eine Versöhnung herbeizuführen.
26 Aus: *Chinnapatravali,* posthum 1960 veröffentlicht, S. 238 (Tagores Brief vom August 1893).
26 Aus: ‚Bani', *Lipika,* RR, XXVII, S. 95.
26 Aus: ‚Kopai', *Punashcha,* RR, XVI, S. 7.
27 *Kopai*: kleiner Fluss in der Nähe von Santiniketan.
27 *Santali*: Stamm der Ureinwohner.
27 Aus: ‚Sisu Bholanath', 1922, RR, XIII, S. 65.
27 Aus: ‚Rikta', *Chharar chhabi,* 1937, RR, XXI, S. 103.
27 *Shiva*: Gott der Zerstörung und Heilsbringer zugleich.
27 *Tandava*: chaotisch-kosmische Tanzform des Shiva.
27 *Schwungrad*: kosmisches Rad als Attribut Vishnus.
27 Aus einem Brief Ramananda Chattopadhyays, Dezember 1931.
Im Ramayana-Epos findet der König seine Pflegetochter Sita (*Janaki*) auf diese Weise.
25 Aus dem Nachwort zu ‚Language of Pictures', Katalog zur Ausstellung von Tagores Bildern in ‚The Fifth-sixth Street Galleries', New York, 1930, S. 10.

Gedichte

32 Ebar, aus: *Balaka* 1916.
33 Hariye-jaoja, aus: *Palataka* 1918.
34 Patha holo deri, aus: *Lekhan* 1927.
35 Tumi bandhchho nutan basha, aus: *Lekhan* 1927.
37 Kalo ghora, aus: *Vichitrita* 1933.
38 Jatra, aus: *Vichitrita* 1933.
39 Prana, aus: *Parishesh* 1932.
40 Aus: *Sey* 1937.
41 Asha-jaoya, aus: *Sanai* 1940.
43 Rater gari, aus: *Nabajatak* 1940.
44 Apaghat, aus: *Sanai* 1940.
45 Aus: *Rogsajyay* 1940.
46 Aus: *Rogsajyay* 1940.
47 Aus: *Aragya* 1941.
48 Aus: *Aragya* 1941.

Prosa

51 Aus: ‚Totakahini', *Lipika*, 1922, RR, XXVI, S. 132-135.
57 Aus: *Se*, 1937, RR, XXVI, S. 215-218.
57 *Ochterlony Monument*: In Kalkutta 1828 zu Ehren von Sir David O. er richtet, der 1814-1816 den Krieg gegen Nepal siegreich führte.
59 Aus: *Se*, a.a.O., S. 292; dt. übers. zuerst in Pratik, S. 19.
59 *Magh*: Dezember/Januar.

Santiniketan, Schule eines Schulschwänzers

85 Sinngemäße Übertragung des Liedes ‚*Gramchhara oi rangamatri path*', aus: *Gitavitan*, Ausgabe 1973, S. 544.
Aus: ‚Visvasahitya' (Weltliteratur), *Sahitya*, 1907, RR, Bd. VIII, S. 387.

Lesehinweise

Sehr empfehlenswert ist die Biographie „Rabindranath Tagore" von Martin Kämpchen. Dieses Buch erschien erstmals 1992 in der Reihe „Rowohlts Monographien" und erlebte seither mehrere Neuauflagen. Es enthält eine umfangreiche Bibliographie (Originalausgaben, englische und deutsche Übersetzungen, Biographien, wichtige Werke über Tagore usw.).

Martin Kämpchen ist auch Herausgeber der Anthologie „Das goldene Boot. Lyrik, Prosa Dramen", die 2005 bei Artemis & Winkler erschien. Dieses Buch enthält Direktübersetzungen von Tagores Liedern, Gedichten, Erzählungen, Essays und Briefen. Besonders hinweisen wollen wir auf die 16 Gedichte, die von Alokeranjan Dasgupta und Lothar Lutze übersetzt wurden. In der Rowohlt Monographie und in „Das goldene Boot" finden sich auch Hinweise auf die anderen wichtigen Bücher, die Martin Kämpchen zu Tagore publiziert hat.

Im Jahre 2008 erschien im Draupadi Verlag die Monographie „Goethe und Tagore. Eine vergleichende Studie" von Alokeranjan Dasgupta. Der Autor untersucht Goethes Auseinandersetzung mit Indien und Tagores Beziehung zu Deutschland. Er vergleicht die Werke dieser beiden großen Dichter und durchleuchtet ihre Vision einer universalen Weltliteratur.

Ebenfalls im Draupadi Verlag erschienen ist das Buch „Mein lieber Meister. Rabindranath Tagore, Helene Meyer-Franck und Heinrich Meyer-Benfey. Briefwechsel 1920-1938", hrsg. v. Martin Kämpchen und Prasanta Kumar Paul (aus dem Englischen übersetzt von Ingrid von Heiseler).

Ein Verlag für Indien. Draupadi Verlag

Das Verlagsprogramm hat **zwei Schwerpunkte**.

Zum einen veröffentlichen wir **Romane, Erzählungen und Gedichte** aus Indien und anderen südasiatischen Ländern in deutscher Übersetzung.

Zum anderen verlegen wir **Sachbücher über Indien**. Das Themenspektrum ist breit gefächert. Bücher zur aktuellen politischen Situation und Geschichte Indiens stehen neben Veröffentlichungen über Kultur, Kunst und Religion. Der Draupadi Verlag wurde 2003 von Christian Weiß in Heidelberg gegründet.

Draupadi
Der Name des Verlags nimmt Bezug auf die Heldin des altindischen Epos „Mahabharata". In Indien ist Draupadi als eine Frau bekannt, die sich gegen Ungerechtigkeit und Willkür wehrt. In diesem Sinne greift etwa die indische Schriftstellerin Mahasweta Devi in der 1978 erstmals erschienenen Erzählung „Draupadi" das Thema auf. Draupadi wird hier eine junge Frau genannt, die für eine Gesellschaft kämpft, in der niemand mehr unterdrückt wird.

Alle Titel sind in jeder guten Buchhandlung erhältlich oder **direkt beim**

Über Alokeranjan Dasgupta im Draupadi Verlag erschienen

Franz Schneider (Hg.)

Trauben aus Elfenbein

Festschrift für Alokeranjan Dasgupta

ISBN 978-3-937603-00-1
164 S., 24,00 SFr, 15,00 Euro

„Alokeranjan Dasgupta spannt sein Seil
zwischen Moderne und Tradition,
zwischen Urbanität und Rustizität,
zwischen der Gelehrtheit des heranreifenden poeta doctus
und der Naivität, durch die ein Gedicht erst möglich wird;
sein Balanceakt findet statt irgendwo
zwischen Poetizität und Engagement und dort,
wo er am riskantsten (weil interkulturell) ist:
zwischen Indien und Europa."

Lothar Lutze

Über Rabindranath Tagore im Draupadi Verlag erschienen

Alokeranjan Dasgupta

Goethe und Tagore

Eine vergleichende Studie

Aus dem Englischen von Katja Warmuth.
ISBN 978-3-937603-23-0, 160 S., 26,00 SFr, 15,80 Euro

Goethe und Tagore haben für die Kulturgeschichte ihres Landes herausragende Bedeutung. Alokeranjan Dasgupta untersucht die Auseinandersetzung Goethes mit Indien und Tagores Beziehung zu Deutschland. Er vergleicht die Werke dieser beiden großen Dichter und durchleuchtet ihre Vision einer *universalen* Weltliteratur.

Mein lieber Meister

Rabindranath Tagore, Helene Meyer-Franck und Heinrich Meyer-Benfey Briefwechsel 1920 - 1938

Herausgeber von Martin Kämpchen und Prasanta Kumar Paul
Aus dem Englischen übersetzt von Ingrid von Heiseler
ISBN 978-3-937603-44-5, 144 Seiten, 24,00 SFr, 14,80 Euro

Rabindranath Tagore (1861-1941), der nationale Dichter Indiens, erhielt 1913 als erster Vertreter der nicht-westlichen Welt den Nobelpreis für Literatur. Seine wichtigste Übersetzerin war Helene Meyer-Franck (1873-1946). Ihr Mann, der Literaturwissenschaftlicher Heinrich Meyer-Benfey (1869-1945), schrieb Bücher und Aufsätze über den indischen Dichter. Wenige Deutsche standen Tagore so nahe wie dieses Ehepaar. Dieser Briefwechsel ist ein bewegendes Dokument deutsch-indischer Literaturgeschichte.
